大是文化

70%繭居族都能自立

從在家啃老到獨立生活，日本專業輔導機構靠三步驟，幫助超過一千七百位繭居族回到正軌。

引きこもりの7割は自立できる

日本專業輔導機構
New Start事務局創辦人
二神能基

每年接受百件繭居族
家長諮詢的專家
久世芽亞里 ◎著

黃筱涵 ◎譯

目錄

風險，但不能什麼都不選／一味等待，是最糟的選擇／從積極改變到消極接受

第四章　光靠親子對話，無法解決問題　123

父母描述的狀況，往往跟實際不一樣／大部分繭居族缺乏物欲／有些事情就是無法和父母聊／信賴感一旦失去，很難拿回來／父母的眼神，使他更有罪惡感／缺乏溝通能力的，其實是家長／因為不想被討厭，所以不敢要求／「尊重當事者想法」，這話只對一半／「我跟孩子能互相理解」，這是在作夢／想辦法讓他和家人以外的對象談話

臺灣諮詢機構參考

229

（執筆分工：二神能基〔（第1章、第6章）〕、
久世芽亞里〔（前言、第2章～第5章）〕）

推薦序一

打開家門就能打開希望

Only 實驗教育：陪伴拒學生（不登校生）轉自學到自立創辦人／蕭典義

十年前，我開始推動 Only 實驗教育陪伴輔導工作的契機，是為了陪伴我的大兒子。高中時，他宅在家兩年，體重從八十五公斤胖到一百二十公斤。那是一段孩子生涯探索，也是我身為家長的親職學習成長過程。我與太太決定帶他自學，給他完整的愛與接納。

那段期間，我們向前一步、退後兩步，不斷前進後退。事後，兒子回顧：

學校過於封閉，讓我不想去上學。但休學又讓我對未來看不到希望。所幸，爸媽耐心陪伴，讓我慢慢走出低潮。

以生涯探索為主軸的自學，讓我在參與各種活動、開始兼職工作的過程，漸漸重建信心，找回學習熱情。我的自學過程是一段重塑的旅程，進而養成自己獨有的特質，抱持好奇心、體驗新事物、參與社會實踐與知識變現。

拒學不是終點，而是新的開始！

找到學習動機後，他先後去巴西當交換生、回國參與公共事務，後來以特殊選才錄取國立海洋大學海洋經營管理系，以系排第二名畢業，之後也在職場上有亮眼表現。從我兒子開始，經過十年專業累積，二〇二三年《聯合報》〈拒學風暴〉報導、二〇二四年公視《青春發言人》「拒學」專題，採訪的案例大多是Only實驗教育陪伴輔導的自學生。

臺灣與日本相似，往往把繭居問題當成家庭問題，不敢也不知道如何對外求助，只會拉長繭居時間。家長懂得放手、敞開家門，讓陪伴輔導人員來協助，就有機會帶著孩子重新接觸外在世界。

不登校（在臺灣泛稱「拒／懼學」）不是孩子個人問題。**「相信並等待孩子」是雙面刃——重要且必要，但有效期**。本書作者提到，等待超過三年，反而會讓繭居問題固定化。Only 實驗教育陪伴輔導轉自學的歷程，先有半年至一年的放毒期，也就是療傷與休息，孩子才能進入甦醒期「內在自我覺察、做自己」。在孩子的放毒期，父母應加速學習親職知能，讓彼此相愛的人愛得不累。

本書作者在書中提到一個概念：並非先克服各種障礙才能獨立——只要看起來有機會，就應該讓他嘗試各種事物藉此獲得自信。從興趣中找到熱情所在，喚醒孩子內在學習動機，孩子就能自發性學習和解決問題，這就是獨立的第一步。

他也提到：「經濟獨立對於恢復自信來說，有相當大的助益。當繭居族先建立『我能夠獨立』的自我肯定，便會開始思考未來的人生。」我開設的不登校轉個人自學，以學生興趣為中心的「無綱無本」課程設計——透過課程、團體活動、打工等方式，一方面探索興趣，一方面培養獨立自主能力，同時取得實驗教育證明（高中同等學力）。

當孩子用自身能力打工賺錢，就會獲得自我價值感，並相信：我是有能力的，我能看見未來的希望！

繭居與拒學並不可怕，打開家門就能打開希望，讓孩子破繭而出、化蛹成蝶！

推薦序二

從門縫的曙光看見希望灑落

廢墟花園心理諮商所所長、台灣輔導教師協會理事／林岱樺

十年前我在精神科實習時，恩師張凱理醫師帶著我看見臺灣的繭居現象，他說，學生拒學然後繭居的現象至今難解，且是成人精神疾患的危險因子。我關注這個社會現象十年了，也找到和作者相似且有效的方法。作者指出，父母若打開家門，讓第三方（相關輔導機構）介入，七成繭居族能自立，這和我在臺灣協助拒學生及繭居族後，他們能與社會重新連結的比例一致。

作者說：「追根究柢，繭居問題就是『當事人的社會能力問題』。」我對此有深刻感受，過去接觸的案例中，有人從國中或甚至國小時期就拒學，及不願與社會

連結。他們沉浸在自我和網路虛擬的人際關係世界中，拒絕與他人真實互動。

尤其，臺灣在疫情期間和疫情過後，不願上學、繭居在家的學生增多。他們可能自我傷害或使用暴力行為，嚴重時，甚至需要請鎖匠或警消破門而入，或帶他們進入精神病房治療……目前臺灣正發生的實例，似乎在預告和提醒我們，臺灣未來繭居現象和日本越來越相像。

幸好，本書為臺灣面臨的這個社會問題帶來方法。

作者提到，家長對於繭居孩子的「相信或等待」背後，通常伴隨家長未留意到整個家因某個成員繭居而進入無力狀態，並非真正相信孩子會改變。再加上有些父母不願找第三方介入，導致他們無法順利和孩子深入溝通，陷入膠著的困境。

作者同時提醒家長，勿因為害怕而什麼都不做，更要知道沒有零風險的做法。

我經營的廢墟花園心理諮商所，作為第三方介入繭居問題，提供諮詢和協助，發現如同作者所說，若是家長、學校、公私部門單位能提早打開各自的家門和心門，便可恢復繭居族的社會連結能力及降低繭居時間。

另外，作為第三方輔導工作者，我們需要深刻反思，是否成為繭居族的幫凶；

作為公部門的單位，須以日本繭居現象和方法作為借鏡，建構預防繭居的公部門系統介入方法。

「養育一個孩子長大，需要一整個村莊的力量」，但在現代，人們失去和他人交流情感的機會和能力，加上不缺乏物資，逐漸變得不想努力，所以我們更需要找回為他人而活，對他人有價值的做法，並且感謝他人的付出。

作者說二〇二二年的日本繭居族人數為一百四十六萬人，其數量增加，表示分崩離析的家庭、跟繭居有關的犯罪數量也在增加，臺灣需要這本書作為借鏡，重新思考人和社會的真實連結，重新對話。避免待在科技冷漠門內，需保持善意，帶著希望對方幸福的心情給予支援。

推薦序三

繭居族需要系統性的專業支持，一定要找專家介入

《實驗教育面面觀》主編、亞洲大學幼兒教育系助理教授／林雍智

在日本，繭居族問題的產生原因複雜，除了社會、經濟外，還有獨特的文化因素，使得繭居族、尼特族（指不安排就學、不就業、不進修的人）與兒童貧困三大問題，成為社會上高度關切的議題。

社會經濟方面，日本隨著一九九〇年代的經濟泡沫化，持續了三十年的失落時間。當時出生的人未曾享受經濟成長帶來的美好果實，反而面臨就業困難、薪資凍漲、對自身未來看不到希望。

至於日本獨特的文化因素，是他們的「集團主義」。簡單來說，就是指在群體中和他人維持共同步調，以便融入群體。日文有一句諺語是「突出的木樁會被打下去」（出る杭は打たれる），其意為若個人在團體裡太過突出，就會被打壓。這句話非常能展現日本的民族特性。

或許讀者會認為，書中提到的繭居族只是日本案例，和臺灣有什麼關係？日文中有個詞彙叫「不登校」，目前無精準的中文翻譯，泛指因個人或家庭因素，而拒學、輟學或逃學，不到學校上課。有些不登校孩子變成繭居族，有些則成為幫派打手或做沒有意義的事，浪費寶貴青春。

《七〇%繭居族都能自立》清楚描述了不登校青少年成為繭居族的狀態，也講出了繭居族的心聲，同時提出許多家長和社會應該關注的輔導策略。

本書第三章提到，家長若無決心改變繭居的孩子，超過三年，孩子就很難脫離繭居生活了。對學齡孩子來說，這三年恰好落在國中到高中，甚至是大學階段，每一個階段都是銜接到下一個學習過程或就業的重要時期。因此，專業支持與輔導介入對於孩子走出繭居，十分重要。

臺灣在二〇一四年底將實驗教育法制化。實驗教育自此成為正規教育之外另一條教育軌道，打破了就學必須到學校上學的限制。這個「學」字，將從「學校」擴大到「學習」，提供繭居族孩子一個學習機會。

我自該年起參與實驗教育工作迄今，也擔任過一些縣市的審議工作。其中個人式實驗教育（個人自學）的申請者，約有半數是因不適應學校生活、班上的人際互動而被迫申請自學。可是，當申請獲准後，他們面臨到的是學習資源更少的困境，如主要教學者只剩下父母，導致他們處於封閉環境裡，讓情況更加惡化。

目前臺灣政府雖有提供個人自學者一些講座、課程，但整體來說，資源挹注得極少，如何幫助繭居族孩子，政府和民間都還有許多該做的事。有關此點，日本目前已成立教育機會均等法，各地設有「Free school」供不登校孩子一個異於學校的「學習場域」，接著慢慢透過專家引導，使繭居族面對自己和他人，從有一個地方可以去，到有事可以做，再從中學到東西，最後走出繭居的狀態。

目前臺灣越來越重視不登校孩子的學習問題，如「Only 實驗教育」和「陪伴者實驗教育機構」等。前者透過晤談與媒合不登校的孩子，提供他們自主學習的機會，後者開辦實驗教育機構並配合心理師定期輔導，打開拒學孩子的心。這些都是拋磚引玉的出發。

繭居族需要系統性的支援，作者以從事支援活動三十年經驗寫下本書，相當值得臺灣讀者閱讀。進入書中情境，深覺我們可以透過實驗教育，為不登校的孩子提供更多的協助，因此，樂以為本書作序，期待本書帶領關注繭居族議題的讀者，一同探求如何將陽光照進繭居族的心，協助他們自立。

林雍智

前言

他需要你的幫助，只是說不出口

自一九九四年起，我們營運的「認定NPO法人New Start事務局」展開了協助繭居族的活動。至今為止約過了三十年，已幫助超過一千七百人。最初的企劃是讓年輕人在義大利生活一段時間，後來逐步摸索，發展出一套不用出國就能提供支援的輔導活動（按：繭居族又稱家裡蹲、隱蔽人士、關門族等，據日本厚生勞動省的定義，指超過半年不接觸社會、不上學、不上班、不與外人往來，生活封閉的人。厚生勞動省，簡稱厚勞省，是日本中央省廳之一，相當於他國福利部、衛生部及勞動部的綜合體）。

一九九八年開始，我們會讓輔導人員上門造訪繭居族。一九九九年，我們開設共同生活宿舍，並於隔年設立工作體驗用的店鋪。此後便從上門輔導與體驗工作等兩種管道，持續二十年以上的輔導。

通常只要接受一年的輔導，有八成繭居族能獨立生活或邁入下一個階段——搬進本協會的宿舍。至於入住者的獨立率，雖然不是每一年都列入評估計算，但這二十年間應該約有七成不再靠父母養，能憑自己的力量生活下去。

我們遇見的繭居族年輕人，基本上能自理生活。其中有些人因疾病或障礙等難以獨立，但占比不大。然而世間對於繭居族，多半難以擺脫蹲在家裡不出門的印象。我認為這與「輔導方式適不適合」息息相關。

繭居族的類型五花八門，包括年齡、繭居年數、原因、是否可外出等，但針對繭居族的輔導，卻跟不上類型的多樣性。舉例來說，有些人原本有機會獨立生活，卻因為他人提供的幫助並不適合，導致輔導無法發揮效果，當事人只能繼續繭居。

此外，繭居族遲遲無法獨立的一大理由，則在於很少輔導機構會積極介入，大多是「等當事者來求助，才受理」。然而繭居族因對外封閉心靈，所以幾乎沒人會主動求助。

本協會接洽的案例中，僅有一成是當事者主動尋求幫忙才開始的，儘管如此，我們仍成功協助許多人獨立生活。也就是說，即使對方對輔導感到抗拒，只要相關機構積極介入仍有機會扭轉狀況。本書將藉由實際案例，具體介紹本協會的輔導方法與理念。

近來很常聽到有人表示「繭居也無所謂」。說出這句話的人不只當事者（繭居族），甚至包括雙親、輔導人員等。如果當事者如此表示，當然有必要尊重對方。但若雙親與輔導人員說出這樣的話，通常表示他們放棄改變，「束手無策，只好維持現狀」。

我們接觸到的年輕人在脫離繭居生活後，回首過去那段時光，總表示「很痛苦」、「無能為力」，不過幾乎沒人打從心底認為「自己繭居也無所謂」。

假設能脫離繭居生活，當然最好——每個人都是這麼想的，卻說不出口，結果面對他人詢問時，便脫口而出「維持現狀也無所謂」。有些人甚至因為太痛苦，而無法察覺想脫離繭居的心情，那麼我們該如何幫助這樣的人？

本書會探討這些問題，若書中有任何部分能為讀者帶來幫助，我將深感榮幸。

第一章

繭居族衍生的暴力問題

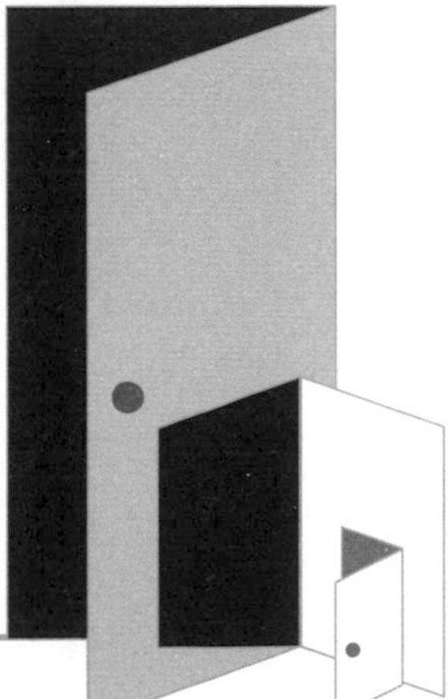

二〇一九年，日本發生了令人震驚的事件，七十六歲的農林水產省前事務次長熊澤英昭，刺殺四十四歲的繭居族兒子熊澤英一郎。

英一郎就讀升學取向的中高一貫校（按：考進國中之後，不須考試即可直升高中，可以用完整六年準備大學考試），他在十四歲時開始對母親暴力相向，後來斷斷續續的開始繭居。

英昭在兒子開始繭居時，站在家人的立場，誠懇的面對英一郎。

由於英一郎的暴力行為並未改善，所以英昭讓妻子帶著女兒搬出去，只留父子兩人在家中。最後他也要求兒子搬出去獨居。在這段期間也發生一起悲劇——英昭的女兒因有繭居的家人而遭解除婚約，最終絕望自殺。

這起弒子事件就發生在英一郎搬回家居住之後。

英一郎回到家的隔天，就對英昭動粗，並抓狂的說：「我的人生到底怎麼了？我會這樣都是你們的錯，我要殺了你們！」

英昭在偵訊時稱：「我覺得再這樣下去，兒子會引發重大事件。」他身為公務員，無法忍受會影響社會或他人的行為。因此在兒子返家一週後的下午三點，朝著兒子揮舞數次菜刀，結束其性命（按：英一郎因附近小學舉辦運動會非常吵鬧而生氣，嚷著「真吵，我要殺了這些傢伙」。英昭擔心數天前發生的川崎殺傷事件重演，於是決定殺害兒子。川崎殺傷事件是一宗隨機殺人事件，犯人持刀襲擊在公車站等車的人）。

事件發生後，英昭的妹妹與母親提交減刑請願書，表示：「他多年來從未逃避兒子繭居一事，已忍人所不能忍。」由於英一郎在同人展（按：參與者直接販賣自己的創作，如漫畫、小說、遊戲等，並與讀者交流的展覽會）上擺攤時，英昭甚至為其顧攤，因此律師也將其作為「已全力應對兒子繭居」的證據，請求給予緩刑。

然而最終結果卻是實刑。審判長認同英昭用心應對繭居問題及為此所做的努力，但不認同英昭將繭居視為自家問題，試圖以一己之力解決且從未對外求助，所以判處實刑。

現在這位農林水產省的前任次長，失去了女兒，又親手殺死兒子，正在監獄裡服刑。將兒子的繭居問題封鎖在家中，盡一切所能努力那麼多年，理應過著菁英人生的他，為何會演變成這個地步？

這不是關起家門就能解決的問題

這起事件為繭居問題帶來極大的啟發，其中最重要的就是，「將繭居族視為自家問題是很危險的」。

很多輔導機構在處理繭居問題時，會表示：「先從家人之間的對話開始。」但老實說，**已發生問題的家庭，基本上都沒辦法透過親子交流建立信賴關係**。通常會出現這類狀況：孩子徹底放棄與父母溝通，或當父母製造談話機會時，孩子會立刻溜回自己的房間。

另一方面，孩子對「自己閉門不出」感到愧疚，所以更不想與父母對談。可以說，試圖藉**由家人對話解決問題，是不切實際的做法**。

事實上，有不少個案是在親子完全無法互相理解的情況下破繭而出，甚至有幾個案例是就算解決問題，親子也不曾交談，這部分將在第二章進一步說明。總之，有些孩子在親子互相理解的情況下步入社會，有的孩子即使無法與父母互相理解，亦能踏進社會。

追根究柢，繭居問題就是「當事人的社會能力問題」。

也就是說，若繭居族不願踏出家門，就沒辦法好好的與社會接軌。像前文提到的熊澤英一郎，最初因國二時跟不上學校進度才對母親家暴。無法與名為「學校」的社會接軌，讓他不得不將無處可去的煩躁宣洩在家中——當事人的生活架構，正是問題的根本。

只是英一郎對母親施暴來宣洩情緒一事太過衝擊，人們才將重點放在家暴上。就連英昭到最後似乎都將兒子的狀況視為家暴問題。我認為正是因堅持錯誤認知，想靠自己解決，才會沒想過要對外求助。

如果本協會有收到諮詢，第一步會派出租姐姐——New Start 事務局裡造訪當事者家中的第一線人員（也有出租哥哥）——和當事者聊聊。當事者最初都會拒絕出租姐姐的輔導，但大部分個案都在她們花時間周旋下，慢慢敞開心胸，變得願意嘗試和其他人接觸。

當事者會和她們一起看演唱會，在其陪同下體驗樂趣、與他人交流，過著露出更多笑容的生活。要讓繭居族對未來萌生希望其實沒那麼困難。

死了一個日本前首相之後

很多繭居族都是文靜的孩子，閉門不出的他們不會在外犯罪，因此繭居族引發社會案件的比例遠低於一般人，甚至有人認為繭居有助於預防犯罪。然而該認知放到現在就不同了。據二〇一九年調查，繭居族有一百一十五萬人，到了二〇二二年竟然暴增至一百四十六萬人，隨著母數增加，由繭居族引發的社會案件也增加了。

此外，以前的繭居族即使有家暴等行為，也鮮少對不相關的他人出手。可是，近年有越來越多繭居族對陌生人下手，這類事件還有個共通點，那就是都很「張揚」——每起事件爆發時，社會都會重新關注繭居族。

二〇一九年，川崎市有位五十多歲的男性，刺殺了等車的兒童與家長，並造成兩人身亡；二〇二二年十一月，東京都立大學教授宮台真司，在校內遭四十一歲男性持刀襲擊。這兩起事件的犯人都是繭居族，且在逮捕前自殺。

二〇二二年十二月，埼玉縣飯能市發生了夫婦與女兒一家三口遭殘殺的事件，凶手是住在被害人住家附近的四十歲獨居男性，已經繭居二十年了。

無論是受傷的宮台教授，還是慘遭殺害的一家三口，都沒和凶手打過交道。這些事件都是繭居族特有的受害者心態，他們衍生出偏激想法，再加上牽扯到自我認可需求，於是做出犯罪行為。

尤其是現在四十歲至五十多歲這個年齡層，經歷過泡沫經濟破裂後的就職冰河期（一九九三年至二〇〇五年），承受與上一代劇烈的貧富差距，可說是受害者心態格外強烈的世代。而現今的日本各地，由七十多歲父母支撐四十多歲孩子生活的「七〇四〇問題」日益嚴重。在五十多歲繭居族已經達到三十五萬人的現在，前述傾向導致「八〇五〇問題」增加。

於二〇二二年七月射殺前首相安倍晉三的人，是因母親信奉舊統一教會，捐獻太多錢而上不了大學的四十一歲繭居族。

在二〇二三年襲擊首相岸田文雄的，則是二十四歲的繭居族。他認為參議院議員的參選資格為三十歲以上，屬於違憲，而岸田首相等於是「既得利益者」之中最具象徵性的人物，所以才會被他盯上。

同年五月，長野縣中野市發生一起凶殺案，凶手是繭居十年的三十一歲成年人。他在平靜的鄉村裡，突然刺殺兩位高齡女性、射殺兩位警官，可以說是無比殘暴。凶手曾離開家鄉前往東京上大學，卻遭到霸凌而休學返鄉，不再與其他人交流。他在一次外出，看到兩位高齡女性正在聊天，認為她們在說自己的壞話，憤而行凶。原本是毫無根據的誤會，卻一口氣演變成一般人連想都沒想過的行為——這在不與他人交流的繭居族之中，卻是很常見的狀況。

不知道自家孩子在想什麼，會不會從受害者心態中衍生出偏激行為？有誰敢肯定，自己的孩子絕對不會在某天突然引發造成他人困擾的事件？

社會氛圍：反正做什麼都沒用……

如前所述，繭居族人數遽增，然而包括我們在內的繭居族輔導機構，收到的諮詢量卻日漸減少。

這樣的變化一直讓我百思不解，直到二〇二三年初，我看到日本大學教授先崎彰榮的論文才解開疑惑。內容提到世界各地層出不窮的各種事件，根源包括了「文明論方面的轉換」以及「籠罩著現代社會的虛無主義」（按：拒絕承認某個人事物的存在意義，並認為想證明其有意義的舉動全是徒勞）。

日本正處於「失落的十年」，簡單來說，就是社會已失去「明天會更好」的希望，認為「做什麼都沒有意義」的想法在人們心中逐漸蔓延，這種社會氛圍在幾年前新冠肺炎降臨時，更是明顯。再加上二〇二二年二月俄羅斯正式攻打烏克蘭，更讓整個社會都受到虛無主義強烈衝擊。事實上，自從俄羅斯總統普丁決定侵略烏克蘭後，本協會收到的諮詢件數就明顯減少許多（最近有稍微恢復）。

受到虛無主義的影響，消極接受孩子繭居問題的人變多了。本協會在各地舉辦演講時會請觀眾填寫問卷，結果不對外求援的最大原因就是「認為求助了也沒用」。全日本一百四十六萬名繭居族，他們的家人似乎也受這波強烈的社會氣氛影響，選擇放棄。

隨著人們長期忽視繭居問題，漸漸衍生出一種思維：「這是一種生存方式」。但我至今接觸過的繭居族，卻從未有人認為這種生活很幸福，因此我絕不認同這種論點。我可以斬釘截鐵的告訴各位，繭居絕對是不幸的。用這種輕率、天真的態度，只會讓這個社會問題變得更嚴重和複雜。

請各位務必調整觀念——只要當事者開始努力，就能改善繭居問題。

一旦下定決心，事情便會開始變化。以現代社會來說，即便是繭居族，也可以透過打工賺到足以獨立生活的資金。當他們發現自己確實能獨立，那麼想法就會一口氣改變。甚至有許多人不再只是打工，而是找到一份更有保障的正職。現在到處都面臨人手不足的問題，因此許多雇主在知道當事人曾繭居過的情況下，仍願意僱用他們。

光是思考改變不了任何事，必須實際行動。只有思考，會讓人覺得自己好像已經做了什麼，但若一直停留在此階段，始終不願意下定決心付諸行動，只會拉長繭居時間。也就是這種傾向的積累，現在才會有多達一百四十六萬名繭居族。

所以，先找第三方諮詢吧。和各式各樣的人聊過後，就會慢慢看見解開繭居問題的線索。請相信這個道理，並打開家門向外尋求協助（見第二章）。因為**繭居並非家庭問題，而是當事人社會能力方面的問題**，所以請讓當事人踏出家門與他人、社會交流。只要培養出社會能力，他們自然能在社會中生存下去。

第二章

這不是家醜，你該求助

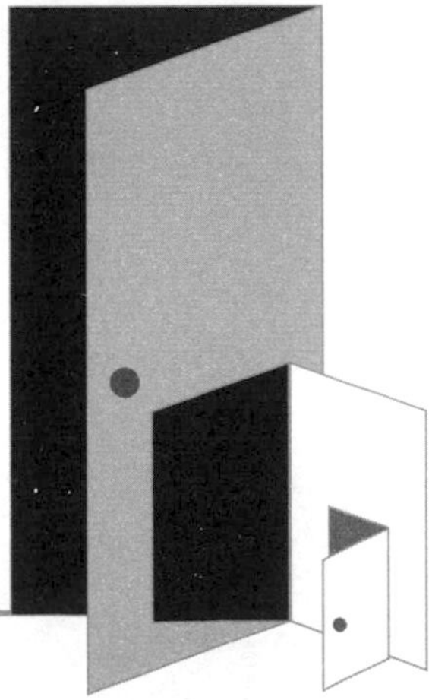

案例1　希望爸媽能更早推我一把

「我考大學時落榜了，雖然準備一年重考，但還是沒考上大學。之後我開始打工並考取駕照，從廚師職業學校畢業後到餐廳上班。沒想到四年後卻因發生車禍而不得不離職，結果拖著、拖著，就繭居了五年。」

這是圭一（化名）參加演講時說出來的故事。他三十一歲時，他父母來本協會諮詢。

「因為我沒工作又待在家閒著，覺得很愧疚、丟臉，同時認為向父母傾吐心聲也沒用，所以，我和父母逐漸不再對話。而父母與其說不會干涉我，不如說是因為不管他們講什麼，我都不會回話，所以他們也不知道該怎麼辦。」

圭一的雙親在事前面談時則提到：「**我們擔心傷害他的心靈，所以什**

麼都不敢說。」這樣看來，雙方都不太敢接觸彼此。雖然他們偶爾才有幾句較像樣的對話，不過圭一的父母能明顯感受到兒子很抗拒被問「有沒有什麼目標」。

我們請父母告訴圭一「已經委託協會上門輔導」後，出租哥哥就開始行動了。圭一不僅一開始就願意接他的電話，出租哥哥第一次上門時，他們也能待在房間正常交談。後來出租哥哥帶住在協會宿舍的人一起拜訪圭一，透過愉快的閒聊傳達宿舍裡的狀況。

經過三個月的輔導後，圭一答應搬進宿舍。他事後表示：「父母只給我兩個選項，一個是搬去協會宿舍，一個是努力找工作。我覺得搬去協會宿舍應該比較輕鬆，而且換個環境轉換心情或許也不錯。」

圭一搬進宿舍後，認真的參加活動，表現出沉穩性格與負責任的態度。他似乎很享受各式各樣的活動，包括萬聖節派對的變裝等。結果他搬進宿舍滿一年，就找到在照護機構煮飯的正職工作。

但這項工作的勞動時間長又沒有加班費，上一任員工似乎是因為憂鬱症才離職，從這幾點來看，該職場環境並不太好。

本協會提供的宿舍有個規則，是只要入住者能穩定工作三個月，就宣告畢業。而圭一在就業第三個月時開始考慮轉換跑道，更在畢業前夕離職。但是這段經驗讓他發現，自己對照護工作感興趣，因此他在宿舍裡接受三個月的職業訓練，考取照顧服務員初階證照。接下來又花一個月，找到照護工作。

前前後後加起來，圭一在宿舍生活一年又十一個月，才搬出去開始獨居生活，正式從本協會畢業。

在繭居族輔導建議中，很常提到**讓當事人為家庭有所貢獻**，如分擔家務等。而圭一住在家裡時，每週負責準備三天的晚餐。對此他表示：「現在回想起來，我因在家能派上用場，心情才能保持平穩。如果什麼都沒做，應該會覺得很尷尬。」

我們問：「你認為繭居這五年，對人生來說是必要的嗎？」圭一回答：「我認為第一年確實如此，畢竟我當時偶爾會有想死的念頭。然而隨著期間拉長，踏入社會這件事情的難度就越來越高。」

繭居第二年起，由於圭一在家有貢獻，與家人之間也沒有越界的對話，結果就安於現狀，讓繭居生活持續下去。直到父母狠下心把孩子推出家門，圭一才終於得以獨立。

最後協會詢問圭一對父母有什麼想法，以及希望父母當時為自己做什麼，他答道：「我很慶幸與父母分開了，現在回想起來，會希望他們更早推我一把。」

有人已窩在家超過三十年

本章將進一步說明，本協會透過實際輔導所獲得的感受及採取的應對方式。

我們將「打開家門」視為理念，並持續提倡至今。

我們從一九九四年開始活動，當時採用的是「New Start 企劃」——將年輕人送到義大利農園，希望藉此讓他們振作起來。當時提供寄宿的宮川秀之、宮川瑪莉莎夫婦，在義大利參與了「打開家門運動」。他們理所當然的表示：「光憑父母兩人，根本沒辦法顧好小孩。」於是參與活動和大家一起養育孩子。

我們當時覺得「打開家門」是很棒的一句話，所以第一次舉辦的座談會就以此為主題。後來更深刻感受到向外求助的重要性。

當時的輿論認為，「家人繭居屬於家庭問題，必須靠自家人解決」。因此即使本協會提供電話諮詢等管道，仍有家長認為：「把孩子成為家裡蹲一事告訴別人，太丟臉了！」結果要麼不願意尋求幫助，要麼就是妻子瞞著丈夫提出諮詢，所以根本無法做出實際的輔導行動。

我們花了將近三十年提倡理念，請大家不要把繭居問題關在自家門內，一直到近五年，社會風氣才漸漸轉變成「繭居問題應對外諮詢」。

我們接收到的諮詢中有個傾向，是近來當事者為二十多歲年輕人的比例增加了。他們蹲在家裡約三至五年期間，家長均曾透過網路取得資訊。也就是說，相較於「繭居是家庭問題」，越來越多人建立起「必須找人協助」這個觀念，所以會較早對外求助。

偶爾有為了四十歲至五十多歲的孩子而前來諮詢的家長。當事者繭居年數長達十五年或二十年都不足為奇，有的甚至長達三十年。儘管他們窩在家裡這麼長時間，許多父母卻囁嚅的表示：「我第一次諮詢……。」

其實，這個社會問題光憑家長難以解決，因為其類型五花八門。

事實上，大半繭居族都能前往便利商店，或是參加與興趣有關的活動。完全不願意踏出門的案例中，則包括會在家中自由行動，以及連續好幾年都關在房間裡，沒有見過父母。

此外，開始繭居的時間點與狀況也各不相同，有人是從學生時代就輟學繭居，有人出社會後才成為繭居族。後者包括畢業即失業；在最初職場受挫數年後離職，換了幾次工作都沒辦法穩定下來，最終決定蹲在家裡；任職十年以上卻遭裁員，且遲遲找不到事業第二春等。

有些繭居族罹患憂鬱症、思覺失調症或強迫症等，有些則非常健康。生病的人中，又可分成疾病才繭居，或在繭居期間逐漸生病。此外，還要留意是否有發育障礙等。

從人際關係來看，有些人原本交友廣泛，有些人是從小就不擅長交朋友。當然還有人雖然有朋友，但頂多一、兩個人而已。

而親子關係方面，有些人會與家人開心聊天，甚至融洽的一起出門購物，有些人是家人搭話時會簡單回答，有的人則與家人僅保持書信或電子郵件的交流，此外也有想盡辦法躲避家人或暴力相向……案例類型真的非常多。

再進一步排列組合的話，即使稱不上無限，但種類仍難以一一列舉。因此指望家長自行處理，就現實來說根本辦不到。

父母不想面對，家庭重擔落手足

試圖在不對外求助的情況下解決，卻始終找不到合適的方案，結果在孩子繼續繭居的狀態下過一天是一天。結果會發生什麼事？只要檢視內閣府（按：日本內閣機關之一，相當於臺灣行政院）於二〇一八年的調查，答案就一目了然。

中高年齡層的繭居族中，七成繭居三年以上、五成窩在家超過七年、三成幾乎不出門達十年以上，甚至還有人長達三十年以上。在「是否曾對外求助」問題中，僅四四．四%向人求助，由此可以看出沒有諮詢的人占多數，繭居問題會拖這麼久，直至今日仍存在這種狀況，也無可厚非。

雖然農林省前任事務次長弒子事件（第一章開頭提到的案件）中，是父親殺害孩子，但其實很多起事件是繭居族殺害父母，還有棄屍——放著亡故父母不管，與屍體同住一個屋簷下等。其中不乏待在病死的父母身旁，什麼也辦不到，以及被發現時親子已雙雙身亡等各種案例。

這些人都將繭居視為家庭問題，不知道該怎麼對外求助，於是打算憑一己之力來改變狀況，但問題嚴重程度超出自身極限，結果演變成弒子、弒親或是父母死後孩子什麼都做不了，直到被人發現。

尤其第三種（父母病死）更是孩子長期繭居時，我們最擔心的事情。無論留下多少存款，在繭居族從未處理過任何手續，也無人可諮詢的情況下，後續發展都令人難以放心。

經過長年苦惱，終於前來諮詢的家長大半抱著半放棄的心態，他們只是在某些契機下，如進入或是即將進入八〇五〇問題，才決定前來諮詢。

雖然經過諮詢後，部分家長下定決心委託協會輔導，但也有人「不希望外力介入」，導致諮詢不了了之。賴在家的期間越久、孩子年紀越大，越有可能發生這種情況。

事實上，繭居當事人超過四十歲的案例不僅諮詢量少，甚至很多人諮詢後仍決定把它視為家庭問題。這個年齡層的繭居族數量明明最多，但接受輔導中的比例卻特別少。

此外，**家長不肯對外求助，所以只有手足自行前來諮詢的案例近年遽增**。若手足已搬離老家，只有父母與當事人同住時，往往很難改善現況。即使手足拜託父母想想辦法，最終只得到一句「反正又沒有麻煩到你」。就算勸說當事者「差不多該找工作」，也會被父母警告：「你讓他很沮喪，不要再說重話了。」

結果維持現況直到父母過世，照顧當事者的重擔也落在手足身上。「畢竟是家人，無法見死不救」，與「礙於現實問題，而無法提供金援，也不認為自己有這個義務」，往往讓他們相當兩難。

看到這些深感困擾的手足們，我深刻體會到父母不作為的罪過。他們只是將自己生前該盡的責任，推到其他孩子身上而已。

家長第一時間的反應

光憑父母難以解決問題的另一個理由，在於他們知道的繭居案例只有自家孩子而已，且問題還沒解決。換句話說，父母根本沒見過已解決問題的情況（偶爾有兄弟都是繭居族，雖然哥哥改善了，但弟弟仍維持現狀等狀況）。

但有經驗的輔導人員接觸過許多案例，理應可以分辨當事人屬於哪種類型，進而從過去的成功案例中，找出適合的應對方法。

繭居族通常過著日夜顛倒的生活，或總把時間用在電玩上，但不知道這個事實的父母，很容易認為「我家孩子日夜顛倒太奇怪了，必須想辦法把生活規律調回來」、「整天只會打電玩，應該要帶去醫院，確認孩子是否電玩成癮」。

由於大半繭居族都存在這兩個問題，因此聽到家長提及日夜顛倒或電玩時，我們完全不會訝異，也沒辦法僅憑這個特徵進行分類。若聽到家長表示「孩子生活很規律，每天都在固定時間起床」時，我們反而感到意外。

沒實際接觸過憂鬱症或思覺失調症的人，遇到相關症狀時也往往理不清頭緒。雖然我們不具有相關醫療執照，無法提出明確證據，但仍可從經驗判斷「這個很明顯生病了」、「有可能是生病了，請先帶去看醫生」。

而且「希望不是生病」這樣的心理，會不知不覺影響著家長，使其無法正確判斷自家孩子到底處於什麼狀況。

本協會在受理諮詢時，若建議對方去看身心科時，對方往往非常訝異：「這個狀態這麼奇怪嗎？」有時甚至會拚命說服我們：「他沒有生病！」

我們了解「最懂孩子的人，是身為父母的我」這種心情，但「家長不了解繭居問題，在該領域是外行人」也是不爭的事實。所以當孩子閉門不出時，詢問輔導人員的看法會比較保險。

光憑家長難以解決的另一個理由，就是儘管他們能協助孩子，但與輔導人員之間有根本上的差異。

當然，世界上有許多事情是只有家長才能實現，且通常是父母最能照顧繭居族的生活、一直與孩子站在一起。但正因如此，孩子面對爸媽時較容易任性妄為。例如，儘管拒絕對話，卻會吃下父母做的料理。

但繭居當事者面對輔導人員等第三方人士時就不是如此。舉例來說，對方送餐來時，會覺得完全不理對方很失禮，所以比較願意回應。他們無視父母「去找個地方打工」的要求，但若是其他人提出時，會覺得拒絕之前必須先找合適的理由。面對輔導人員，繭居族即使一開始選擇忽略對方，內心仍隱約抱有罪惡感，如此一來，雙方下次前來時，說不定就願意給予反應。

親子一路培養過來的關係有好有壞，不過隨著相處時間拉長，家長自行輔導就只剩負面影響。舉個例子，孩子試圖挑戰從未做過的工作時，父母可能會想起過去的失敗經驗而勸道：「你不太適合這樣的工作吧？」孩子也會認定，「父母很了解我，所以我真的不適合」而放棄應徵。

但若由輔導人員面對繭居族，只要不是太困難的工作，都能輕易說出：「試試看吧！」

根據輔導人員的經驗，很多人會表現得比預期還好，即使當事者失敗了，輔導人員也會告訴他們可從中學到什麼，並應用到之後的體驗上。很多事情不實際嘗試就不知道結果，輔導人員甚至有時還能發現，父母沒注意到的當事者才能。

請第三方人員輔導時的一大特色，就是彼此毫不相關，所以能保有適當的距離，且想法較不受當事者的過往限制，可按照輔導經驗採用客觀的視角。這都是家長無法實現的優勢。

所以家中有人出現繭居問題時，請不要關起門試圖自己解決，而是把輔導工作交給專業人員。此外，父母對待孩子不能只是每天溫柔的打招呼，必要時得說些重話。畢竟有些話，只有父母有資格說。

相較於親自輔導孩子，把目標放在盡好父母的責任，較有機會改善繭居問題。

第一步：分開住，越遠越好

前面已經談過，把繭居看作家庭問題，想在不對外求助的情況下解決，有哪些缺點。若想改變這種「封閉」家庭，首先家長要懂得放手。

會來機構諮詢的家長、正在閱讀本書的父母，肯定很認真教育、卯足全力面對孩子，只是當你心思全放在他們身上，很可能不知不覺過度干涉他的生活。而孩子也會認為父母擔心、保護自己是理所當然的，儘管知道不可以繼續下去，卻沒有離開家庭、靠自己努力的勇氣。

如果是早就放棄照顧小孩的家長，當然另當別論，不過現在閱讀本書的人，很可能長期深陷如此親子關係。這就是因為親子間的距離太近所致，有時**拉開適度的距離，會成為打破繭居僵局的關鍵**。

人類進入青春期、長大成人、出社會之後，本來就會離開父母獨立生活。一般沒有繭居問題的人，出社會後接觸到更多外部世界，在某個時間點離開家裡，外部世界的事物將會占據大部分人生。家長到了這個階段時，不需要再整天擔心孩子，甚至可能從某個時候立場顛倒，變成孩子整天擔心爸媽。對這個階段的家長來說，育兒任務宣告結束，可以自由自在拓展自身的世界，像是發展興趣等，雙方各自面對自己的人生。

但對有繭居狀況的家庭來說，家長可說幾乎占據了繭居孩子的世界。若繼續維持密不可分的親子關係，就沒有外人插足的餘地。對此，我們建議由家長主動遠離孩子，讓孩子不得不面對外在事物。

要**和孩子保持物理距離時，分開住是最有效的方法**，也就是讓孩子出去自立門戶等。因為彼此近在眼前，且家中感受得到對方的動靜，就很難順利拉開精神層面的距離。順帶一提，有很多案例是家長好不容易讓孩子搬到外面住了，卻又擔心「他有沒有好好吃飯」而隨時拜訪，結果變成孩子只是換個地方閉門不出，仍舊沒辦法與外界接觸。

所以順利讓孩子獨居之後，家長應交棒給相關領域的第三人或是輔導人員。當孩子遇到困難主動聯絡，家長要狠下心說「去諮詢那個人」，增加孩子與輔導人員對話的機會。

要和孩子保持距離，讓他搬出去自己住會很有效，但該方法最常見的失敗原因，是把住處安排在老家附近。家長往往為孩子租離家步行只要五至十分鐘的房子，結果到了晚餐時間，繭居族還是會回家吃飯，親子完全無法保持適度的距離。因此，既然**要讓孩子獨立，就應安排在無法輕易回家的遠方**。

讓孩子住遠一點，甚至視情況直接離開家鄉，具有很大的意義。

較常見的案例是，繭居族只在夜間前往便利商店或完全不踏出門，而他們的共同心理就是「**不想讓鄰居知道自己繭居**」。所以在理應上班或上課的白天，就沒辦法前往便利商店。

讓這些人離開家鄉，就不必在意周遭的目光，如此一來，白天想出門時就可以放心出門。事實上，超過十年沒踏出家門的人，搬到協會宿舍後就開始正常外出、能前往便利商店等，這種情況並不罕見。

他們原本只是困在狹窄的生活圈才動彈不得，所以讓孩子離開原本的環境吧。雖然不是這樣就能馬上獨立生活，但至少大部分的人變得能外出購物。

孩子在家、在外，兩個樣

讓孩子搬出家裡，親子得以保持距離，還有另一個效果——當事者可能會表現出與在父母面前時不同的樣子。

雖然有些繭居族一開始是獨居，但後來與雙親同住的案例壓倒性的多。且鮮少有人會在第一次見面時就侃侃而談，他們大多不願意見人，徹底無視他人。我們派遣出租姐姐、哥哥等輔導人員上門時，通常必須隔著門向對方搭話、留下書信，經過一段時間與多次拜訪之後，當事者才會慢慢敞開心房。

當然，也存在無論造訪多少次都完全不回話的人。但在徵得家長同意，讓這些人搬到宿舍後，他們大方得判若兩人。

我們推測會出現如此落差的原因，包括想在父母面前表示出「就算叫來這種人，我也不會講話」的態度、**擔心談話內容傳到父母耳裡**、待在家裡或這個地區時很難開口等。但無論是哪種，當事者會在離開家裡或家人的瞬間，變得願意開口。

即使是願意和出租姐姐或哥哥說話的繭居族，也很容易在搬到宿舍或是獨居時，說出之前未曾提過的真心話，或人生第一次碰到的事件等。其背後同樣有著形形色色的原因，像是離開家或父母後就有心情說話，或終於從舊環境中解脫等。脫離家庭與地區這些框架之後，相當多人都露出截然不同的面貌，即使是輔導經驗豐富的我們也很難預測，必須實際接觸才會知道事態的發展。

雙親認為的事實，不一定是事實

各個家庭的經濟狀況，會影響孩子能否離開家裡獨居。儘管如此，「憑自家人解決」這種想法，至少應在孩子繭居三年內捨棄。會定下這個數字的原因將在下一章說明。

這裡首先介紹「憑自家人努力↓打開家門↓借助第三方力量」的步驟。

第一步是諮詢，先聽聽看第三方或輔導人員的意見。輔導人員的話語與建議，理應有助於父母正確掌握現況與決定日後行動等。

我們開始輔導前，一定會先和家長聊過，請他們談談孩子的成長經歷與現在的樣子。我們從中得出的感想是，頂多一半的家長一開始就正確掌握問題，簡單來說，就是父母認為的繭居理由往往與事實不符。

我們實際展開輔導，傾聽孩子的聲音後，發現在繭居初期就釋放出某種訊號的案例，比預料的還要多，只是家長沒有發現，久而久之，孩子自然就放棄說出心裡話。在這種狀況下，父母自然無從得知其真心話或繭居的真正原因。

打開家門，讓第三方介入

很遺憾的，透過諮詢即可有所進展的案例並不多。即使家長找輔導人員諮詢後努力改變言行，但對孩子來說，父母依舊是父母，無論家人做了多少努力，終究有極限。很多提供諮詢的窗口始終拿不出成績，就是因為這樣。

有些輔導機構會設置讓當事者放鬆的場所或舉辦繭居族聚會等，讓當事者也可以參加的場合，不過很少人馬上答應邀請。如果家人花時間就能說服當事者參加的話倒還好，但事實是完全不肯參加的占大多數。

家長經諮詢並決定好輔導方案後，接下來的狀況分成三種，當事者答應前往；家長學著改變相處方式後，成功說服當事者前往；最後是無論怎麼努力，當事者仍不肯參加。

雖然目前並無全國性的輔導結果統計報告，只是根據經驗，不肯參加的類型應超過一半。

剛繭居或是當事者年紀還小比較好推動，但隨著繭居時間拉長，當事者年紀增長，願意行動的比例大幅降低，甚至完全不願配合。父母碰壁到一定程度時，往往就放棄讓孩子前往聚會。

當繭居者不肯行動時，只能由第三方上門拜訪。這個階段即為「打開家門」，一如字面上的意思，就是家長讓第三方介入。

各位聽到上門輔導時，是否產生「和當事者成為朋友，並協助踏出家門」這樣的聯想？這是其中一種方法，但讓第三方協助的效果不僅於此。

有時別說和當事者說話了，恐怕連見上一面都沒辦法。儘管如此，當事者感受到家裡有外人出現時，同樣會產生變化。他人踏入家中會擾亂原本壓抑的氣氛，甚至瓦解。而氣氛的變化足以動搖當事者的內心，如此一來就比較容易引起改變。

如果對話會傳到爸媽耳中，他們就不開口

向第三方諮詢、讓對方進入家內——實現這兩個步驟後，接下來就要交棒給第三方了。

如前所述，孩子面對父母與外人時，會露出不同的面貌。由於繭居孩子總與父母待在一起，所以容易表現得較為封閉，當身邊的人換成其他人時，當事者或許會透露出比較願意踏出家門的態度。

家長擋在當事者與輔導人員之間時，無論對方的話語多麼打動**當事者**，他**說出來的話至少有一半是說給父母聽的**。也就是說，當事者會因為父母的存在，即使和第三方互動，仍表現出和父母相處時的面貌。

我們在實際輔導時，會特別注意一件事情：不要把當事者的模樣與話語洩漏給家長。當事者一旦意識到「會告訴家長」，那麼原本願意告訴第三方的事，也會吞

回肚子裡。我們不能成為家長的代理人，應以毫無關係的第三方面對對方。

孩子本來就會隨著獨立，展現越來越多面貌，在家人看不見的世界不斷拓展下去。所以請各位家長遠離當事者，把他們推往外界。

將孩子交給輔導人員等第三方，最好的方法就是分開住。讓他搬到其他地方，協助工作也交給他人，繭居族較容易表現出不同於面對父母時的面貌，進而開始注意其他事物，思考如何與外界接軌。也就是說，孩子的視線會因此從家中轉移到外面的世界。

但真的把自家孩子交給外人並保持距離，絕非易事。

透過New Start企劃收容年輕人，後來更來日本參加家長講座的宮川瑪莉莎，說出這段令我印象深刻的話：「**家長總是期望孩子自由飛翔，卻又緊抓著他們的腳踝不放。**」

舉例來說，我們在輔導工作中，看到很多**家長**都說希望孩子獨立自主，但其**真正的想法是，希望孩子在自己看得見的地方獨立自主**。當孩子待在父母看得見的地方時，容易表現出與他們相處時的面貌，導致難以獨立。儘管大多數家長理解這個情況，卻不容易放下這樣的期盼，理性跟不上感性，甚至還有人坦白：「我不想和兒子分開。」

儘管家長試圖讓孩子接觸外界，自己卻又擋住了通往外面的大門——這樣的案例時有所聞。各位如果覺得自己可能犯了這樣的毛病，請務必將自己的位置讓給第三方。

所謂的打開家門，其實就是讓容易擔心的家長，主動和孩子保持距離。具體來說，第一步是找第三方諮詢，不要把問題鎖在家中。第二步，讓第三方介入。第三步則是將孩子交給第三方，讓當事者拓展父母不知道的那一面。

此外，爸媽可以常自問：「我是否抓住孩子腳踝，限制了他們行動？」只要覺得有一點這樣的傾向時，即使只是諮詢，仍請動起來去找第三方協助。

案例2　在家與在外，兩個模樣

洋二（化名）在研究所一年級時休學並開始找工作，沒想到卻屢次落選而最終放棄。一開始他會和朋友往來、出門購物等，但漸漸的不再踏出門，在家繭居六年。

「我在前半年會和朋友一起喝酒，但我漸漸覺得自己很悲慘，不想和任何人聯繫。」洋二說。

他和父母幾乎沒有對話，父母談起兒子時表示：「他都不開口，很不擅長溝通。」

洋二的爸媽從一開始就沒打算只靠自己想辦法，從這個角度來看，他們相當開明。「既然洋二不願意踏出門，那我們就找其他人來家裡。」他們秉持如此想法，四處尋找願意上門輔導的機構，也確實有幾位輔導人員上門過。

洋二喜歡下將棋，所以有人拿著將棋盤邀請他一起玩，也有人隔著房門持續向他搭話，甚至有遠道而來的人員等。他的雙親不會讓期間空白太久，只要當下的輔導沒有成效，立刻找其他人協助。但洋二完全不理會這些人。

因緣際會下，洋二的父親參加本協會活動，之後還找妻子一起來面談。當時他們正在考慮讓孩子搬到外面住。因此我們便派遣出租姐姐，以「讓洋二同意搬到宿舍」為目標展開輔導。洋二當時是三十歲。

我們知道一般的上門輔導無法讓洋二開口，所以就先寫信並打過電話後才前來洋二家。出租姐姐到訪時，洋二正好在廚房，但他一看到出租姐姐就回房間了。出租姐姐便一路追進房間，在其身邊持續說話。

後來更帶著同樣住宿舍的夥伴（最多有四至五個人）一起過來，大家在洋二身邊開心的聊天，有時還會戳戳洋二的腿要他說話。

這段期間洋二一直沒有反應，但出租姐姐隱約感受到：「洋二並不抗拒我們和他接觸。」

這樣的行動持續一段時間後，本協會請家長開始反覆告知：「必須在〇月〇日前搬出去自己住。」洋二對此沒有任何回應，既不否定也不給予肯定。

事後詢問洋二當時的心情時，他說：「我把出租姐姐當作不存在……當然，我還是希望她快點離開。」、「雖然母親提出期限，但我根本沒打算離開家裡。」

上門輔導的八個月期間，洋二從頭到尾一點反應也沒有，就這樣到了說好的那一天。出租姐姐帶著其他工作人員開車到洋二家，當時除了雙親之外，洋二的兄弟姐妹也在。

母親說：「不可以繼續住在這裡了。」其他人在旁附和。洋二依舊保持沉默，沒有任何動作。直到有人握住他的手臂，一路拉到玄關時，他才說：「我知道了。」這是出租姐姐第一次聽到洋二的聲音。

洋二就這樣回到房間收拾行李，然後自己坐上車，正式搬進宿舍。原本完全不和我們交流，似乎也不情願搬進宿舍的洋二，到了宿舍後，態度竟然大幅翻轉——他認真積極參加活動，與其他人的溝通也相當良好。雖然父母說洋二不擅長溝通，但他其實很健談，看起來很享受宿舍生活。

原本預期的住宿時間是兩年，但後期洋二報名駕訓班以考取駕照，還因運動受傷，花了幾個月專心治療，接著才參加 Hello Work（譯註：日本政府提供的就業輔導服務）以及企業舉辦的就業支援專案，並在專案相關企業裡研修等，所以實際住宿期間比預期更長。儘管如此，他參加完研修後順利獲得該企業僱用，最終從住宿生活畢業了。

洋二提到繭居時期，說：「當時新聞報導，繭居族在父母過世後放著遺體不管，我總覺得自己也會這樣。即便對未來感到不安，另一方面又認為『算了，我就繭居一輩子吧』。多虧了父母，我脫離那種狀態，我非常感謝他們。」

我們接著問：「繭居期間對你來說有什麼意義嗎？」他回答：「超級浪費人生！」這是請人分享繭居經驗談時，很少聽到的話。洋二還表示「早知道應該更早出社會」。

喜歡與他人接觸且個性幽默的洋二，即使面對第三方，卻仍因為「身在家中」而不打算展現出這一面。

這就是離家之後一口氣解放的案例，幸好家長並未半途而廢，甚至將他推出家門，洋二才能享受與同伴交流的樂趣，進而獨立自主。

案例3　當事者自己也想改變

有三（化名）接受諮詢時是二十四歲，他從高中起就有拒學傾向，但還是撐到畢業了。後來重考一年仍沒考上大學，便開始繭居且長達五年，這段期間甚至發生過多次自殺未遂。

所以本協會設定目標為「耐著性子慢慢讓他接受我們後，再安排與其他入住宿舍者等外人接觸，以感受生命的樂趣」，之後便讓出租姐姐的上門輔導。

一開始，我們每週寄信給他，持續到第三個月時，就在信中預告的時間打電話過去，並請有三接電話。

他一開始先向我們道謝，接著我們邀請他參加聖誕節派對，他也答應了。第一次通話以相當和平的狀態聊了三十分鐘。

後來他在約定好的這天來到事務所，一起吃蛋糕、和入住者打桌球，在才藝表演時跳舞給大家看，相當享受聖誕節派對。除了出租姐姐之外，他也與其他工作人員、入住者大方交流。

後來每次打電話過去，他都一定會接，也和我們一起去新年參拜、美術館，有時會來事務所打桌球，甚至與幾名入住者玩在一起。當時的有三面露笑容，看起來相當融入。提到考大學等話題時，也跟有相關經驗的入住者聊得很開心。

但從第一次見面起算的三個月後，我們卻接到家長聯繫：「有三希望結束輔導。」似乎是家長在有三的追問下說出了輔導費用，讓他情緒相當激動。

於是我們建議先暫停一至兩個月讓他冷靜，但也提醒家長，接下來拖越久也只是讓痛苦跟著拖下去而已，所以最好早點改變環境，至少讓他早一點實際感受到效果會比較好。

然而家長仍希望先停止輔導：「我們想先好好的聊過，親子一起解決。」畢竟決定權在家長手上，所以我們也只能照做。

後來有三主動表示：「我想和出租姐姐打聲招呼。」於是我們約在事務所碰面。

由於有三覺得讓父母花錢，心裡很過意不去，因此出租姐姐說：「和入住者一起打桌球是不收錢的，所以歡迎再來玩喔。」他表現出了興致。

然而，有三後來並未再露面，半年後我們接到家長聯繫，得知有三過世的消息。他留下了遺言給出租姐姐：「謝謝妳這麼溫柔對待我。」後來有三的笑容，時不時就在出租姐姐的內心浮現。

本協會接觸超過一千人的上門輔導中，確實有過幾次當事者在輔導結束後過世的案例。其中不乏像有三這樣能順利交流，卻因當事者堅持拒絕或是家長決定放棄而中斷輔導。

看到結束輔導後立刻自殺的當事者，我們不得不想：「雖然他們表面上抗拒，但其實也感受到了改變的可能吧？如果我們繼續輔導下去的話……。」看到因獨居沒人照顧而病死的人，則會覺得「如果當時再強硬一點把他拉進宿舍就好了」。

如同對家鄉的恐懼難以抹滅一樣，一旦在家中產生過真心想死的心情，就很難為這個空間打造出正向氛圍。

當然，輔導有時也會造成反效果，因此我們不認為打開家門這種比較強硬的做法是唯一的答案。但關起快要敞開大門，將牽繫起當事者的緣分收回自家人手中，最後過世的案例確實不少。

第三章

第一年，別干涉；超過三年要求助

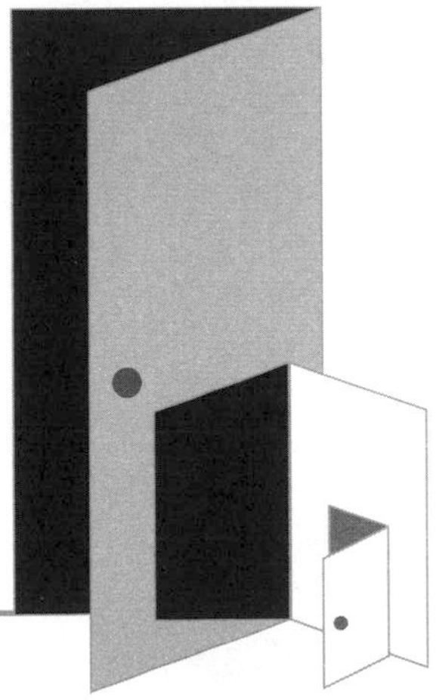

現今多達一百四十六萬人的繭居族，超過半數是中高年齡層，這與繭居問題長期化（長年無法解決）有非常深切的關係。這幾年新增的繭居人數，不至於造就如此龐大的數字，而是因為許多人從十幾二十年前就開始繭居，且一路拖延至今都沒有改善，再加上新增的繭居人口，才造成如此嚴重的問題。

繭居問題會拖延得這麼嚴重，與輔導人員在面對家長時的典型應對方法有關——告訴家長：「孩子總有一天會願意動起來的，所以請**相信他並等待**，從旁守護他吧。」這麼說或許有些過分，但我認為這段話就是**造成繭居問題長期化的原因之一**。

最初說出這段話的人，用意應是由家長主動調整親子關係，也就是讓家長積極做出行動之餘，也要耐心靜待成果。和現在普遍的「相信並等待」（家長什麼也不做的等待）完全不同，不曉得這段話為什麼會轉變成現在這種意思。「相信並等待」可以說是模糊、曖昧的輔導方法。

許多輔導人員都告訴家長：「要相信並等待。」在我們開始參與輔導的一九九〇年代是如此，到了二〇二三年仍經常從諮詢者口中得知：「我最近才找政府的繭居窗口諮詢過，他們建議我『給孩子一點時間』。」也就是說，這段話從過去持續使用到現在（按：臺灣政府雖未針對繭居族提供相關協助，但部分單位有資源可以協助，例如，可以先與所屬地區衛生所尋求協助，有公衛護士、社區關懷訪視社工員等能提供建議或評估，之後就可以連結到所需要的資源，像是委託護理人員到家裡等）。

從結果來看，這樣的輔導方式會拉長繭居時間，進而使中高年齡層的繭居族成為主流，人數更持續增加。根據前面提到過的調查得知，中高年齡層的繭居族中，有七成繭居不只三年、五成蹲在家裡超過七年、三成超過十年，還有人的繭居年數長達三十年以上。也就是說，即便過了數十年，沒能「破繭而出」的人非常多。從調查結果即可明白，相信並等待完全不保證可以解決問題。

我們從一九九〇年代起，就一直宣導**等待會延長繭居問題**，卻始終沒能獲得成效，實在令人遺憾，因此本書想花點時間探討「相信並等待」這個問題，希望能徹底切斷這樣的發展。

等他自己好起來？要等幾年？

「相信並等待」這個觀念會擴散至此的原因之一，就在於從實際情況來看，這種做法並非完全錯誤。事實上，有些案例因此出現好結果。

繭居的原因五花八門，包括在學校或職場遭遇霸凌、對與他人或社會之間的關係感到疲憊、對未來煩惱到動彈不得等，大半都是內心受創的人。

在這類傷痕還很新的繭居初期，周遭人強迫當事者動起來，可能會對其內心帶來更沉重的負擔，必須先給他們時間療傷。因為當事者需要一點時間慢慢思考未來，並回顧過去的自己，這時家長不要千方百計的干涉孩子，而是從旁溫柔守候。

雖然實際情況因人而異，不能說是百分之百吻合，但在繭居初期，家人的應對方式採取「相信並等待」確實比較恰當。有些人傷口癒合後，自然會破繭而出。

但有的人雖然看起來已經脫離最沮喪的狀態，卻還是繼續繭居。這時必須思考，他到底是傷口尚未癒合，還是癒合了卻無法行動？若為後者，那麼是哪些原因造成的？

以工作失敗導致自信全失的人為例，繼續繭居下去也無法找回對工作的自信，這時與外界的交流就格外重要，因為必須實際在求職上有所行動，藉此累積成功經驗才能恢復信心。

繭居可以解決的問題與無法解決的問題混在一起時，家長該怎麼判斷？這部分得實際了解個案情況才能確認，但至少可以從繭居年數的角度，決定應停損的時間點。我們建議相信並等待持續一年。也就是繭居的第一年先別干涉，靜待當事者自己動起來。

經過一年，最初的傷口很有可能就已經癒合了。雖然有一部分的人需要更長的時間，但再怎麼樣，三年也非常充足。繭居即可解決的問題，通常會在這段時間逐漸結束，剩下的就可以視為繭居也無法應對的問題。

也就是說，依照我們輔導三十年的心得，只要**繭居超過三年就應停止相信並等待**，接著展開第二章介紹的方法。

有些人受到疾病影響，所以需要花更長時才能有所行動，若是這樣，父母應帶當事者前往醫院接受治療。在這種情況下，雖然當事者仍維持繭居生活，但整體情況與大眾以為的相信並等待不同。

總之，只要繭居問題經過數年仍未改善，就別再想「保持耐心持續等待，孩子一定會有所改變」了，請讓他接受適當的治療。

等待沒有錯，但**不思考「究竟要等多少年」是很大的問題**。因此面對已經繭居達五至十年的個案，仍給予相信並等待的建議，根本無法解決狀況，而這就是相關輔導的現況。

超過三年，就很難擺脫

本協會認為相信並等待繭居族的期間最長不應超過三年，有下列三個理由。首先是根據日本公家機關的調查結果，許多脫離繭居生活的人都是在滿三年前就有所變化。

二〇一五年，內閣府以十五歲至三十九歲為對象，展開「年輕人生活相關調查」，針對曾是繭居的人提出一些問題。結果發現，繭居六個月至一年，約三九．

二%;一年至三年,有二八.五%;三年至五年為九.五%;五年至七年是六.三%;七年以上,則為一四.六%;另外,有一.九%沒回答。

由此可以發現,有四成只花一年,近七成在三年之內脫離繭居。

另一方面,中高年齡層的繭居族當中,六個月至一年的有二五.四%、一年到三年的有二七.六%、三年至五年為八.二%、五年至七年的為三.七%(內閣府〈二〇一八年生活狀況相關調查〉,調查對象為四十歲至六十四歲)。這個年齡層中,有些人繭居超過三十年,但可能在父母過世後才接觸到輔導。可以確定的是,該年齡層中超過五成在三年內脫離繭居,超過三年才脫離的數字就大幅降低。也就是說,一旦繭居時間超過三年,擺脫這個狀態的機會就會減少,甚至有進入長期抗戰的傾向。

實際狀況因人而異,所以這裡無法一概而論,但是客觀檢視前述比例,相信各位能明白,為什麼我們會倡導「繭居超過三年就不應再建議相信並等待」了。

本協會的支援期間約兩年

第二個理由，是根據我們實際輔導經驗來看，只要兩年就有收穫。**繭居第一年不適合讓第三方介入**，所以本協會建議靜待當事者恢復狀態。因此當諮詢者表示當事者繭居期間約半年時，通常我們會建議再觀察幾個月看看。

若對方已繭居滿一年，我們便開始展開輔導。舉例來說，我們接觸的個案中，約七至八成在上門輔導滿一年後，就邁向下一階段，包括獨立自主、在接受家長金援的情況下半獨立、搬到宿舍等。而搬到宿舍的個案中，又有七到八成在兩年左右，以獨立或半獨立的情況下畢業。

當然也有部分輔導不順利的情況，這時我們不會硬拖下去，會果斷結束輔導或者是轉介至其他機構。例如：本協會應付不來的精神疾患或發育障礙者，就會轉介至醫院、就業輔導等。

通常接觸一年至兩年，便能判斷我們的輔導是否適合當事者，及適合什麼樣的輔導。在這段期間，只要覺得繼續相同做法不會有成效時，就會立刻換一種方法。

當事者在第一年繭居時，家人選擇相信並等待會比較好，接下來兩年足以確認這麼做是否有效。若有效，當事者理應脫離繭居狀態，假設還沒脫離，就代表當下的方式並不適合他。

所以本協會認為一年的守候加兩年的觀察，三年是相信並等待的極限。

最後一個理由，用我們實際輔導過的年輕人們話語來說明：

「前一、兩年還會覺得要想辦法擺脫現狀才行。」

「到了第三年，開始認為『再怎麼想都很痛苦，不如就別想了』。」

很多年輕人在回首繭居期間，都會這麼表示。儘管初期會想該怎麼辦才好，但通常**繭居超過三年就會停止思考**，過一天算一天。

停止思考的原因，在於無論怎麼想都找不到答案的痛苦與煎熬。很多人最初是為了擺脫工作與學校等現實痛苦，而躲在家裡，到後來連繭居這個現實都令人痛苦，所以乾脆不再思考。

詢問他們在這段期間過著什麼樣的生活時，通常得到的答案是，最一開始幾年的記憶比較鮮明，接下來無論過了五年、十年或者是二十年，都因缺乏變化而失去時間感，只記得每天過著相似的生活，所以沒什麼值得一提。我們稱此為「身心徹底繭居」。

身心在日常生活中若無正常活動，慢慢變得僵硬是理所當然的。有不錯的選擇或者是機會降臨時，人的內心會開始發亮，身體也會為了抓住機會而動起來——想要這麼做的話，平常就得讓身心保持輕鬆、有活力。這也是為什麼相較於繭居時什麼都不做的人，繭居期間很常散步或在房間裡健身的人，更容易有行動。

另一方面，幾乎所有繭居族的內心活動都比較遲鈍，不容易為事物感動，總是說著「無趣」，情緒上較難適應新事物。可能有些人的個性本來就這樣，但是內心活力變弱肯定也有影響。

面對這類身心都繭居化，變得無法靈活運作的人時，繼續在一旁守候等待好幾年，只會讓其身心更僵硬。

他們靠打遊戲，掩蓋對未來的不安

接下來要探討繭居與遊戲的關係。

許多繭居族花很多時間打電玩。整天待在床上滑手機或熬夜打遊戲等，過著日夜顛倒的生活，是繭居族最常見的模樣。近年鮮少有個案沒電腦、手機，即使是成年人，也會打電玩。

因此遊戲成癮症（Gaming disorder，又稱電玩失調症。指玩遊戲玩到失控，導致生活失能，而非單純花太多時間在遊戲上）很容易被視為繭居相關問題。

世界衛生組織（WHO）於二〇一九年五月，將遊戲成癮症列入《國際疾病分類》中，是不折不扣的疾病。有下列現象且持續十二個月以上，就是遊戲成癮症：

1. 無法控制打電玩的時間。
2. 認為遊戲比生活上其他事或日常活動更重要。
3. 發生事情時，仍繼續、甚至是花更多時間打電玩。

4. 玩到嚴重妨礙個人、家庭、學業、工作等生活。

罹患這種疾病的人會持續且反覆的打電玩，導致無法有效運用和控制時間，進而影響日常生活。

但中小學生等年齡層較低的繭居族，本來就比較容易沉迷電玩，所以較難確認是否真的有遊戲成癮症。但我們輔導的成年繭居族們（本協會的輔導對象為十八歲以上），都沒有遊戲成癮症。

最大的關鍵在於第一項「無法控制打電玩的時間」。

因為遊戲成癮症是指「想停止卻還是無法自制的打電動」。而我們接觸到的年輕人，都明白「不能繼續這樣下去」，只是為了轉移這樣的心情而埋首於遊戲。**他們是因為覺得做出行動的難度太高，不知道該怎麼辦才好，覺得繼續思考下去很痛苦，才決定把注意力放在電玩上。**

此外，遊戲可以幫助無所事事的他們打發時間。再加上電玩有故事性，思考如何破關很有趣，甚至能體驗到破關的成就感。這些都能用來模糊空虛感、時不時襲來的自我厭惡及無力感。

「因為無事可做。」、「其實也沒多有趣。」這是我們詢問搬來宿舍的年輕人對電玩的看法，所得到的答案。他們沒有打從心底享受遊戲，內心某處都明白這是在逃避現實，因此不屬於遊戲成癮症。

此外，有些家長懷疑是遊戲成癮症造成孩子繭居，但是實際上，電玩只是當事者用來逃避手段而已。因此要關注的並非讓當事者停止打電動，而是找出造成閉門不出的根本原因。

繭居好幾年的人中，大半都靠電玩掩蓋對未來的不安與思考的痛苦，雖然不覺得開心，卻因沒有其他事可以做，所以乾脆整天玩遊戲。當事者在逃避現實時，家長還盲目等待，只是虛度光陰罷了。

相信並等待的前提是，對當事者來說「家是安心的避風港」。唯有家可以療傷、充電，才有待下去的意義。符合這個條件時，靜待一段時間後當事者確實能慢慢有所行動。所以我們必須思考，自家是否符合這個前提。

並非所有家庭對當事者來說都是安全的港灣。仔細傾聽年輕人的心聲，會發現對大多數人來說，家雖擁有可維持生命的安全感，卻無法累積面對問題的力量。所以當繭居期間達到一定程度時，請別再將家當成充電的避風港了。我們建議將這段期間設為三年內。

繭居超過三年，相較於繼續努力把家打造成安全的場所，不如考慮打開家門，牽繫當事者與外界，比較能找到解決方案。所以請家長別把眼光鎖定在家中，更別只想著怎麼保護孩子，應把目光轉移到外界。

「家不是避風港。」

「在家很痛苦。」

「無論在外面或在家裡都很難過，只是在自己房間裡比較好一點而已。」

這都是我們實際聽到的年輕人心聲。他們的父母並非所謂的毒親（對孩子造成精神虐待的父母），幾乎都很認真思考該怎麼幫助孩子，只是沒有找到癥結點。但沒辦法，這確實是孩子的真心話。

還有一個重點，說出這些話的人是已開始工作、獨居，獨立自主的前繭居族。獨立自主的他們已擁有了自己的城堡，進而意識到「那個家並非自己真正的避風港」。我們沒聽過有人在繭居的情況下，還說著「這裡不是我的避風港」，這是因為他們在當下只能待在該處，根本沒有比較對象。

繭居當事者沒意識到這裡並非讓自己安心的住所，努力的家長也沒有發現這一點，但實際上這個家確實失去了避風港的效果。結果就在誰也沒注意到這個問題的情況下，平白浪費好幾年。

家之所以不再是可以充電的避風港，原因有很多。

首先如前所述，如果家長努力的把家打造成能療傷的場所時，當事者依舊不願踏出家門，就表示他身上有光憑繭居也無法解決的問題。因為傷口花了一年都還沒痊癒，就代表還殘留其他因素。如此一來，無論家長多麼努力讓家更有安全感，仍無法解決繭居問題。這時就要採取其他行動。

第二種類型是親子關係多半在繭居前就不好或不契合。雖然不清楚中小學生的情況，不過因為我們輔導超過十八歲的人，親子關係幾乎固定了，所以可以確定家對當事者來說有什麼意義。

無論家長多麼努力，若在當事者繭居之前，家就已不是能安心、療傷的地方，那麼，即便孩子開始繭居，家的價值也不會馬上改變。不如儘早安排當事者獨居，使其有一個能讓心靈充電的新場所，會比較快解決問題。

第三種則是繭居初期應對出錯，導致問題拖很久的類型，而這種情況其實比想像的多。

當事者能否安心療傷的關鍵在第一年，這時如果用「偷懶」等話語抨擊他，或在未理解當事者的需求下，想盡辦法將其推回正軌，會使當事者認為「這裡的人無法體諒我」，如此一來，家就不再是能安心休息的場所了。

這與第二種類型一樣，即使事後更變應對方式也很難改變什麼，所以儘早安排獨居較有助於改善問題。

大部分家長沒注意到自己帶給孩子這種感受。而孩子碰到這種言行時，放棄速度快得驚人，甚至只要經歷過幾次，就可能封閉內心長達十年。這讓我深刻體會到繭居初期的應對有多麼重要。

幾乎不會踏出房間，親子生活完全錯開導致很難見面的案例，屬於第二種或第三種的比例都很高。因為家不是能安心休息的空間，所以不管過幾年都充不了電，自然無法行動。因此事後請當事者回顧當時情況時，他們都會說出如前項的答案。

至於第一種類型的家雖然令人安心，卻遇到了無法解決的要因。結果當事者回顧這段期間時，感想多半是「父母好像有做什麼事……」，根本沒察覺到家長付出了哪些努力。

結果無論是哪一種，儘管父母想盡辦法打造出能充電的環境，卻始終摸索不到有助於改善繭居問題的關鍵。在這種情況下，繼續相信並等待根本沒有意義，只是在浪費時間。

父母的心靈也跟著繭居

隨著時間流逝，身心會變得僵硬、藉由電玩逃避思考、心靈無法在家獲得力量……前面從孩子的角度，介紹幾項相信並等待難以解決問題的理由。

接下來要探討家長的狀況。

其實**家長也會隨著時間流逝習慣孩子繭居，內心跟著硬化**，進而連小小的變化都難以適應。

最常見的情況，就是**對孩子的變化感到恐懼**。只要孩子表現出不同以往的言行，家長就會坐立難安。為了繭居前沒注意到的事，一下子開心，一下子擔憂。

對家長來說，最安心的情況反而是維持現狀。因為孩子繭居已經成為日常。雖然擔心「若孩子繼續繭居下去，該怎麼辦才好？」但更害怕發生的變化是不是代表情況將進一步惡化。

別說幫助孩子破繭了，反而會因為恐懼或不安而阻止孩子產生變化。結果孩子試圖做出改變時，家長卻親手阻斷可能性。結果就是，繭居問題越拖越久。

來諮詢的家長當中，時不時有人提到「不知不覺就過了十年」。前面提到繭居超過三年時，當事者會失去時間感，在感受不到時間流逝的情況下，一年拖一年，其實家長也是如此。儘管自己的日常與工作都正常運作，**與孩子有關的時間卻彷彿凍結了**。

此外，恐懼所有變化的家長並不罕見。雖然努力來諮詢了，然而一旦我方提出上門造訪等刺激孩子的建議，對方就會拒絕：「我看還是算了。」當然有些人的顧慮是有根據的，但也有家長單純害怕應付現在的孩子。

舉例來說，現在仍有很多家長會把飯菜送到孩子房間，明知不該這麼做，得讓小孩自己來拿會比較好，但內心卻擔心：「不把午餐或晚餐送過去，會發生什麼事？如果造成負面效果該怎麼辦？」

因繭居問題陷入長期抗戰的家庭中，雖然家長都說自己做了哪些努力，但孩子幾乎不會注意到。儘管他們鼓起勇氣踏出每一步，步伐卻不知不覺變得越來越小。

另外，有家長會把應做的決定一直往後推。例如：「去諮詢吧？該怎麼辦？改天再思考吧。」像這樣總是什麼決定也不做，導致繭居情況延續下去。

所以當孩子繭居超過三年，請家長仔細回首這段日子，檢視自己的內心是否也跟著繭居了。持續相信並等待，或許會深陷這樣的心理狀態——逐漸覺得維持現況最輕鬆，結果除了等待，什麼也做不了。

幾年之後親子對話模式非常固定

當事者主動出擊的可能性低，家長會不自覺傾向維持現狀。在這種情況下，親子間根本不可能出現促進發展的對話。幾乎來諮詢的家庭都完全沒和當事者對話，僅透過便條紙、LINE進行簡單交流，或者是即使對話也僅止於閒談。親子間能促膝長談的家庭相當罕見。

但只要有少許的交流，理應能帶來改變的轉機。但是恐懼變化的家長，會避免深入對話。

即使家長下定決心，盡可能若無其事的讓孩子看到徵人廣告，想傳達出「有這類型的工作機會」，當事者往往只是隨意看一眼，不會主動提及這方面的話題。有時當事者會對家長的努力感到煩躁，讓父母把話吞進肚子裡。此外，也有親子受到過去經驗影響，已經好幾年都不曾談過這類話題。

另一方面，當事者也擔心若自己不小心說出「說不定可以做這種工作」時，父母會變得很積極，像是幫自己找到相關工作機會，到時就算不想應徵也沒有退路。

更何況當事者其實也很清楚事態的走向——就算表面上看不出來，父母其實仍對自己有所期待，如果自己沒有後續的動作，他們就會沮喪。

因為知道父母的心情深受自己的言行影響，所以孩子不敢隨便把話說出口。我們觀察到**許多孩子特別留意自己的一舉一動，不想讓父母期待，也不讓他們失望**。

繭居達三年時，親子間的交流通常會固定下來。實際內容依家庭而異，但每個家庭都有常見的模式，如只談三餐內容、只會在看電視時邊聊節目、只有晚餐時會稍微對話等。

除此之外，頂多就是LINE收到訊息後會回覆，或者是已讀不回（一週只讀一次）、擺放便條紙留言讓當事者填Yes或No。

至於完全沒有交流的家庭，則是父母在晚上某個時間點離開客廳，讓孩子出來吃飯，或者是聽到洗手間內傳來敲門聲時會立刻離開等，每個家庭都有自己不成文的規矩。

這些家庭的共通點，在於家長猶豫是否要跳脫原本的溝通模式，但由於三年來的繭居生活，對話內容都固定下來，所以他們很難轉變話題或內容。

因此，即使增加親子對話次數根本無助於改變。無論等了多久，只要對話方式隨著時間流逝固定下來，繭居問題就會繼續拖延下去。

我們稱長期的繭居問題為「固定化」，而非長期化。

因為長期化聽起來只是拖了很久，但遲早會動起來。固定化則確實表現出完全不會改變的形象。

事實上，考量到那些已繭居二、三十年的中高年族群，固定化確實比長期化更符合，而且還會隨著歲月越來越牢固，更難打破這樣狀態。

繭居達三年時，有很多事物都會固定化。

首先，因當事者身心徹底封閉，之後難以行動，還會為了逃避現實而沉迷電玩，想辦法從思考中轉移注意力，有時家還成為奪走力量的地方。所以已經固定在繭居的狀態時，生活就會如同一潭死水。

而家長則是一旦習慣孩子繭居，就會固定在守候狀態。有時甚至孩子出現少許變化，爸媽就開始恐懼，進而採取行動阻止其變化。

再來是親子關係。對話模式及交流方式會隨著時間逐漸成形、固定，導致爸媽和孩子無法跳脫框架來交流。雙方都刻意說一樣的話、問相同的問題，所以無法引發變化。

當事者、家長、親子關係出現上述變化時，整個家庭就毫無變因可以推動、解決問題。在這種情況下繼續相信並等待，只會讓拖延問題而已。

請家長仔細審視自家狀況，若有類似情況就只能想辦法擾動凝固的空氣，例如，不斷嘗試跳脫甚至破壞原本的交流方式，或讓第三方介入等。

不能在第三年才開始求救

接下來要統整各繭居年數適用的家長應對方式。

首先，繭居第一年，必須給予當事者仔細思考自我與未來的時間，讓他在學校或職場遭受的傷害得以痊癒。在傷痕尚未癒合的情況下，即便採取再強烈的刺激都不會有效。這段期間相信並等待，容易帶來正面效果。

如果在這段期間採取錯誤的應對方法，可能讓孩子覺得，家不再是能放心休息的地方。如此一來，無論在家待了多長時間，都積蓄不了足以行動的力量。所以請格外留意第一年的應對方式。

基本上，療傷一年就夠了，最多三年。過了這段期間當事者仍沒有任何動作時，就可以確定只靠繭居無法解決問題，必須採取其他行動。舉例來說，當事者因失去自信而無法回到社會上時，就想辦法打造接觸外界的機會，讓他得以從經驗中增加信心。所以請家長思考這方面的策略。

繭居第二、三年時，應對方式會隨著當事者的狀況出現大幅差異。如果當事者的傷口還沒癒合，可以相信並多等待一段時間，或轉換成由家長主動出擊。主動出擊分成家長自己想出方法，以及諮詢第三方後做決定兩種類型。而這個階段也可以讓第三者介入，藉由上門輔導等直接給予刺激。

繭居超過三年，就不要再等了，捨棄盡量靠自家人解決的想法。因為當事者和家長的認知，與親子關係都已經固定下來，陷入了難以產生變化的狀況。從這個階段開始，持續等待只會拖延繭居問題，回過神時才發現已經過了十幾二十年。

這時不妨先找人諮詢，聽聽第三方的意見，總之先打開家門。很多人按照第三方的建議接觸當事者後，仍遲遲不見改善。這時得考慮正式讓第三方接手，包括將孩子送到相關機構，不行的話就讓輔導人員上門。

整體來說，就是繭居的第一年要等，但超過三年後就不應該繼續等下去。而第二、三年則是過渡時期，而協助方式主要有三種轉換模式。

家長有意打開家門，或者是覺得光憑自家人已無計可施時，可以從第一年先定期諮詢第三方，但不要對繭居族採取任何行動，等第二年再開始考慮讓第三方前往輔導。

很多家長很抗拒讓他人介入。這時我們會建議第一年要等，第二、三年開始由家長按照第三方的建議行事，超過第三年再放棄自己出擊，改讓相關機構來協助。無論如何，都從諮詢開始。

有些人選擇等三年，這樣的話，我們建議在三年後馬上找人諮詢。有些家長認為等滿三年後，靠自己跟孩子溝通即可，但這時連家長本身的想法跟行動都僵化了，所以必須搭配第三方的觀點與意見，才有望帶來變化或解決問題。

以上是單憑繭居年數的判斷，實際建議仍會依個別情況而異。但要判斷自家屬於什麼狀況時，找第三方協助仍是不可欠缺的過程。

相信很多人在閱讀本書時，面對繭居問題已超過三年。這時請儘快找第三方諮詢。孩子的指針已經停止了，能讓時間重新走動的只有家長而已。

萬一輔導超過兩年還是沒成效？

前面已經反覆強調打開家門、諮詢第三方的重要性了，但還有一件事要提醒各位：第三方的輔導無效或沒有具體結果時，要在什麼時間點判斷「這種輔導方式不適合我家孩子」並改變方法。從實際經驗來說，我認為能做出如此判斷的期間，可分為兩年。

市面上有各式各樣的輔導類型，分成公家支援與民間支援、不同年齡層的輔導、定期前往型、上門型與合宿型，此外，隨著輔導對象是否生病或有發育障礙等而異。無論是哪一種，目標都是讓當事者放輕鬆，進而能獨立自主。

世上沒有萬用技巧，每個人適用的方式不盡相同。無論是多麼優秀的輔導方法，都可能不適合自家孩子。

如果適合，那麼經過兩年理應有明顯的改善。因此本協會的判斷標準，為兩年內當事者的狀況是否產生變化。

例如，獨立自主或是同意搬到宿舍等。此外只要出現肉眼可見的改變，像是原本足不出戶，變成能定期前往輔導機構；從來不和人對話，現在交了朋友還一起出去玩；開始打工；願意參加面試……都算輔導順利進行。但如果變化僅止於吃完飯後會把餐具拿到廚房；開始和父母簡單的對話這點程度時，就稱不上是適合當事者的輔導。

當事者生病時另當別論，至少我們從未見過在兩年內根治的人。

儘管如此，兩年足以確認當前的醫師或醫院是否適合當事者」舉例來說，是否信任醫生且願意定期接受診療？在必須服藥的狀態下，能否維持穩定狀態？以內科疾病來說，若定期上醫院滿兩年，症狀仍然沒有改善，就會考慮換一家醫院或是尋求第二意見。繭居輔導亦同，嘗試兩年後沒有明確變化時，就應該換找其他人來協助了。

有些家長會擔心更換輔導單位會造成負面影響，或認為既然要找，當然就要找最好的那家。但以我們的經驗來說，完全不介意當事者曾接受他方輔導，而且有超過一半的家長都是這麼做的。

過去接受的輔導相關資訊，非常具有參考價值。因為一開始就可以知道哪些輔導方式不適合，進而選擇不同的刺激，或許有助於縮短輔導期間。面對繭居相當多年的人時，經過多方嘗試確認過失敗方案的，資訊量遠比什麼都沒做過的人還要多，對我們來說當然有幫助。

因此當孩子繭居超過三年，就別再花大把時間尋求最好的輔導機構，而是只要找到覺得還不錯的，就先嘗試。如果不適合，再換掉就可以了，輔導方式不適合的失敗經驗，會成為下次輔導的資源。

「相信並等待孩子會主動改變」要有限度，同樣的，「相信特定輔導方式」也應設置停損點。本協會認為只要兩年就可以確認是否有效，所以選擇機構時請不要太過苦惱，建議在不適合就換掉的前提下，從蒐集資訊的角度多方嘗試。

既然提到了更換輔導機構的話題，這裡有些話想和輔導人員們聊聊。

雖然我們認為連同本協會的輔導在內，只要兩年就可以看出到底適不適合，但是整體繭居輔導業界卻正朝著不同方向前進——不拒絕輔導，而且以公家支援最為明顯。

家長好不容易決定找人諮詢時，若輔導人員卻說「我們不適合」而開始踢皮球，會傷害到諮詢者，這樣根本稱不上好支援。我認為相關的輔導機構應徹底調整體質，即使不是自己的業務，也要先仔細傾聽諮詢者的狀況，並協助他們找到適合的單位。

但近年更令人在意的，是已經輔導五年、十年都沒有成效，卻還是讓當事者持續前來諮詢。這讓我不禁認為，「不拒絕輔導」已變成字面上的意思而已，根本無助於解決問題。

「受理家長的諮詢十年後，當事者總算願意親自過來了。」

「我們努力上門造訪十五年，當事者終於願意開口了。」

我們時不時直接或間接聽到輔導人員這樣表示。但他們開心的把這些當作成功案例，其實是很大的問題。

對我們來說，輔導時間長達十年就是不折不扣的失敗案例了。輔導十年，意思就是耗費當事者十年，**二十多歲、三十多歲與四十多歲的求職困難度完全不同**，所以當然是越早輔導完成越好。所以本協會對輔導設定兩年的期限，不會藉由不適合的方式一直浪費當事者的時間。

確實有些輔導機構不像我們會上門協助及提供宿舍，所以他們就算盡力去做，有時最多只能做到邀請家長或當事者前來機構而已。但在這種情況下，理應可以轉介其他有提供上門輔導的機構或民間團體才對。腦袋裡有具體的下一步，才有持續諮詢的意義。

這裡希望各位思考的，是假設輔導多年仍毫無變化、想像不出當事者接下來會有什麼改變，或者始終到不了預計的下一步時，就應審視繼續在同個機構接受輔導到底正不正確。

這裡還有另一個關鍵，是持續聯絡的意義。

我們能理解許多輔導人員很重視與家長保持聯絡，但**聯繫充其量是為了解決繭居問題的方法，卻有很多人將其視為目的**。

或許有些人認為保持聯絡沒有什麼不好。但是「正與某處保持聯絡」這種半吊子的安全感，可能造成當事者安於現狀，陷入固定化的窘境，同時削減另覓適合輔導方式的動機。無法握好卻又堅持握著對方的手，只是剝奪他把手伸向他人的機會而已。

本協會花兩年判斷自己的輔導究竟適不適合對方，甚至如果諮詢時就能判斷，我們也會當場拒絕輔導。別把不適合的方法套用在對方身上，有時要主動中斷不適合的輔導，才能在盡量不浪費當事者時間的情況下，讓對方趕快找到更適合的單位，這才是真正為當事者著想。

舉例來說，家長前往免費的公家諮詢窗口，結果窗口表示：「很抱歉，我們對這樣的情況實在無能為力。」那麼，家長便可開始考慮民間輔導或是付費輔導。若窗口擔心後續狀況，不妨陪家長確認找到的輔導方式是否適合，或代替家長提問、陪同諮詢等方式提供協助。

反過來說，要是輔導人員放棄這些行動，還表示：「只要持續諮詢、相信並等待，總有一天孩子願意做出行動。」家長聽了對方的話，很有可能只有定期諮詢，其他事都沒做。如此一來，十年、十五年轉眼就過去了。

輔導人員的應對方式，會對家長的想法、當事者的未來，造成相當大的影響，所以請各位切勿忘記自己肩負著如此沉重的責任。

相較於把無能為力當成放棄繭居家庭，不如想成「因無法提供協助，所以果斷的幫助對方把自己從輔導選項中剔除」。是否擁有這股勇氣，對輔導人員來說非常重要。人們總說遇到不喜歡的人告白時，果斷拒絕比用曖昧態度回應對方還要溫柔——輔導人員的拒絕，或許也是相同的道理。

我認為輔導人員應設立停損點，過了某段期間就不要再「相信」只要與家長保持聯絡，就能「等」到當事者重新回到社會上。輔導人員與家長一樣，在關係、互動已經固定的情況下一味等待，只會遲遲無法解決繭居問題。

請每一位輔導人員，要隨時檢視自己的想法是否已僵化、有無誤將保持聯絡當成輔導的目標，或者持續在看不見未來的痴痴等待。說得嚴格一點，就是**必須隨時**

自問：「是否成為繭居長期化的幫凶？」

每個選項都有風險，但不能什麼都不選

現在繼續針對家長以及整體環境來討論。

這裡再次說明，家長選擇輔導方式時，不可缺少哪些思維。

無論做出什麼選擇與行為，勢必伴隨著風險。世上既無絕對順利的輔導方式，也沒有絕對安全的行為。

繭居類型五花八門，家長經判斷並選擇相應的輔導方式後，也可能在實際輔導時發現，原本選的方法並不適合。所以當事者的狀況始終沒有明顯變化時，應以兩年為參考值，找適當的時機終止當前輔導，如果輔導造成狀況惡化，就應儘早中斷。因為即使選錯了輔導方式，只要把經驗活用在下次輔導時即可。

我們也曾遇過這樣的案例——有疾病風險的當事者入住宿舍後，變得更焦慮導致症狀惡化，所以決定立刻返家。這時只要儘快下判斷，當事者返家一段時間後就

會冷靜下來。接著再透過上門輔導協助當事者就醫，直到當事者搬出家門獨居，並在獨居期間定期上醫院接受治療，那麼輔導就宣告結束。順帶一提，在說服當事者就醫治療時，搬進宿舍後症狀惡化的經驗就會派上用場。

此外，本協會很常遇到暫時性的親子關係惡化。有些人一聽到父母談及輔導或未來，會當作沒聽到直接回房間，有些人則會對父母發怒。嚴重時甚至會訴諸暴力（我們也確實遇過惡化至施暴程度的案例）。

父母試圖改變時，由於孩子的想法和行為已僵化，所以表現抗拒也是理所當然的。雖說抗拒的程度依人和情況而異，但都是必經過程。

事實上，無論什麼選項都存在風險，但不應因為害怕而什麼都不做，反而更該有所行動。否則，繭居狀況就不會改善。

所以，身為家長，即使有風險仍應想盡辦法往前邁進。如果遇到失敗，就換個輕鬆一點的方向。**唯有家長主動改變，才能帶動孩子的變化。**

一味等待，是最糟的選擇

因為恐懼風險而不敢請求外界協助，選擇在一旁守候、等待孩子自己變好的家長，都忘記了某件事——**等待，比虛度光陰更嚴重**。

什麼都不做不會帶來任何好處，只有年齡持續增長、繼續累積繭居年數。等待乍看是不好不壞的做法，實際上卻讓狀況不斷惡化。

最容易了解的風險，是隨著年齡增長、空白期越長，當事者越難找到工作。對他來說，踏進社會或外界的難度，也會隨著繭居年數不斷升高。

此外，當孩子身心都徹底進入繭居狀態，而家長固執的認為只要在旁守候，等待孩子恢復原狀就好，雙方只會越來越難做出改變。再加上對話也陷入固定模式，更難帶來不同的交流，離解決繭居問題的那天逐漸遙遠。

根據繭居第二、三年的做法，將帶來莫大的分歧。有些家庭在第一年貫徹相信並等待，讓當事者好好療傷後，再由家長或第三方稍微推一把，當事者便動了起來。但光用看的很難確認孩子的心傷是否痊癒了，所以有的家庭選擇等滿三年。然而這麼做卻錯過了比較好行動的兩年期間，讓當事者虛度這段人生。

到了求職階段時，如果只有一年沒工作，招聘方會認為當事者這段期間是靠失業保險或存款過生活，所以不會太過在意。但拉長至三年時，就會很清楚這段期間為空白期，如果應徵的是正職時，招聘方肯定會追問這段期間的狀況。

如果當事者在繭居滿一年時，身體已累積出足以行動的力量，卻因為周遭人的「等待」導致繭居期間平白延長，只能說太可惜了。

太早放棄守候，當事者可能背負著莫大的負擔；但放棄的時機太晚，則會造成繭居惡化。無論是哪條路都可能出現狀況，世上沒有絕對安全的方案。

繭居三年以上的狀況亦同。輔導的強度與時間具有權衡關係。悠閒且溫柔的輔導，不容易引發當事者反彈，但耗時；有一定強硬度的輔導，雖然可能導致當事者抗拒或向父母抱怨等反應，但較快出現獨立之類的結果。

繭居期間很煎熬，所以我們認為及早幫助當事者擺脫比較好。從經驗中可以得知，二、三十歲的當事者面對有些強硬的輔導時，多半能適應。

本協會的宗旨是「輔導，協助當事者有具體行動以解決問題」，該推一把的時候就會好好的用力推。當然，這樣的思維並不能涵蓋所有狀況，有時須採取溫和的方式，守候當事者產生願意行動的心情。事實上，有的人比較適合這種方式，而且在繭居輔導領域中，我們的想法也並非主流。

兩種輔導方法都沒有錯，各有適合的對象。所以同時備妥兩種方案，**讓當事者家庭有得選擇，才是最健全的輔導環境**。至於要選擇哪一種方案，有時由當事者自行決定，不過大多數的情況下主導者還是家長。

選擇輔導方案時，請勿從風險大小做決定，例如「溫柔的方式比較不會傷到孩子的心靈」，但這類輔導方案藏了一個風險是耗時較長。所有的輔導方案都有各自會碰到的難題。

與相信並等待分屬天平兩端的，是本協會平常就在提倡的「相信並推一把」。我們每次演講時都會提到，繭居滿三年後，就要從相信並等待，轉換成相信並推一把，同時提出成功案例以及當初家長的應對方法。

前者很容易想像，但「相信並推一把」具體該怎麼做？

事實上，根據各家情況，做法可說有很多種形式。

舉幾個例子，在親子之間還有對話的情況下，孩子已繭居一段時間了，現在父母處於靜待孩子行動的狀態時，我們會請家長告知：「會有出租姐姐來家裡，到時候可以找對方諮詢一下。」這就是最簡單的「相信並推一把」，說得更直接一點，就是**促使當事者與第三方交流**。

如果首要目標是讓當事者踏出家門、接觸外界，我們會提出這樣的建議：「讓當事者搬出去獨居，若很難自力更生的話，就先搬到本協會的宿舍。」假設親子已不再對話時，我們則先請對方寫信溝通。

有些繭居族是辭職後一直關在獨居的家裡，而家長通常會持續提供物資，靜待當事者願意出門工作。這時我們會先請家長暫停供應物資，由我們接手後續的應對。打造出讓當事者不得不接觸第三方的狀況。

開始輔導之後，有時我們也不是接受家長的諮詢，而是請家長直接要求當事者找出租姐姐談，也會先告知家長，孩子從宿舍畢業後也不能搬回家裡，藉此強行將孩子接觸社會。

視情況與時機，想辦法把孩子推到外界，讓他們與他人有所接觸，總而言之，就是避免對方裹足不前。因此具體該怎麼推動，就必須按照當下情況去判斷。

鮮少有在當事者背後推了一、兩次就成功的案例，必須持續的把孩子往前推。像這樣由家長在家裡把當事者往外推，外界則有我們伸手接住，家庭內外緊密合作，才能幫助當事者踏出家門並獨立自主。

從積極改變到消極接受

無論是相信並等待或相信並推一把，都有「相信」一詞，但其涵義卻不同。前者認為當事者會自己動起來，主動提及自己的處境，所以靜待這一天來臨。而後者則是，只要打造出相應的環境，當事者自然就會動起來，並堅信他一定辦得到，所以才會在背後堅定的給予支援。

當我們建議家長積極推孩子一把，讓他能與外界交流，很多人表示這麼做等於不相信孩子。也就是說，其認知是，既然相信孩子，就不能干涉。

但繭居長期化的案例中，有些家長卻令人忍不住對此產生懷疑，雖然他們是這麼說，但其實內心認為：「反正努力也不會成功，搞不好孩子根本無法踏出家門，更不可能自力更生。」儘管一開始相信當事者總有一天會改變，可是這份信賴和希望，隨著時間流逝逐漸瓦解。

如果真的打從心底相信孩子遲早會行動，那麼即使繭居十年、二十年，也不會慌張、擔心才對。

近來時不時聽到有人說：「繭居也無所謂。」讓我不禁擔心，當家長接受這樣的想法，然後告訴孩子繭居也沒關係，那麼等八〇五〇問題逼近時，也能維持相同的態度嗎？會不會突然改口？

一旦當事者接收到父母這些想法並照做後，等到了無法挽回的年紀時，才聽到父母改口「這樣真的不行」，很可能會因感受到父母其實不相信自己而失望。

實際上，從我們接觸的案例來看，相較於躊躇著不知道該不該放棄相信並等待的家長，那些相信孩子換個環境肯定可以改變，所以推他一把的父母，才是真正相信孩子能力的人。

或許完全不出手，堅信並等待，看起來較信任當事者，但是現實卻不是這麼單純的狀況。無論是哪一種做法，最初都是信任當事者的，但等待卻是「不論是否未打從心底相信，都能持續下去」的行為。相對之下，要從背後推當事者一把，得要相信他才能夠做到。

到底怎麼做才是真正的相信孩子？你真的能打從心底信任他嗎？本章就以這樣的提問作為結尾。

案例4　家長有決心，孩子就能走出來

原本是大學生的剛志（化名），因課業繁忙導致較晚展開求職活動，結果一直到畢業都沒找到工作。他就這樣過了三年繭居生活，第一次向本協會諮詢時已二十五歲。

他平常都在打電動，偶爾去一趟便利商店。此外，由於學生時代從未

打工過，所以毫無工作經驗。

他的父母參加某個家屬輔導，並按照建議提供零用錢，表現出接納剛志的態度。不但完全不談及工作等話題，也不會否定現在的繭居狀態。

可是，這麼做不僅沒能讓他破繭而出，反而連去便利商店的頻率都慢慢降低。由於他花錢的地方只有便利商店，所以有時父母給的零用錢，就這樣一直放著沒動。

隨著繭居情況惡化，他的父母體認到現在的做法不可行，所以找上本協會。由於剛志看起來並未遭遇嚴重的問題，只是單純拖延而已，所以我們立刻決定派遣出租姐姐。

出租姐姐第一個月寫信聯絡，第二個月開始會打電話，到了第三個月才正式上門。一開始，出租姐姐待在房間門前跟剛志說話，後來會踏進房間朝剛志搭話，但每次剛志都躺在床上毫無反應。

到了第七個月終於產生變化——出租姐姐按照預告的時間上門時，剛志竟然下床來到門前，不給出租姐姐開門。因為房門沒有鎖，所以我們判斷他是以自己的力量擋門。後來每次上門訪問時，他都會像這樣阻止出租姐姐進房。

第八個月時，我們請家長寫信告知：「你要搬去 New Start 的宿舍？還是搬出去獨居並打工？自己選一個。」同時停止了每個月的零用錢。

結果剛志為了抵抗父母，不吃他們準備的餐點，而開始去便利商店買食物，外出的頻率比以前還高。

這段期間，出租姐姐繼續站在他擋住的房門前，淡然的向他搭話。有時也會帶入住者一起前往，聊聊宿舍裡的狀況等。

因為他一直沒有回答要搬到宿舍還是獨居，所以到了第九個月，父母就決定讓他搬到宿舍，更在約定好的搬家日之前，拆掉剛志的房門。這並非協會的指示，而是家長自己的判斷。想必剛志也嚇了一跳吧。

到了搬家那一天，剛志老實的坐上車。到了宿舍後，他不僅願意和工作人員等周遭人對談，也認真聆聽了宿舍生活的說明。但在搬進宿舍後的第三天，他自己搭電車回家。

當晚親子促膝長談，並約定好接下來要出去打工，且在一個月內找到公寓並搬出去住，最後也要自己向協會說明一切。

剛志親自打電話到事務所：「我擅自離開了，不好意思。」協會請剛志隔天來事務所一趟，當面與出租姐姐談談。出租姐姐在這次會面時說：「不能只是打工而已，和外界的交流也很重要。」更表示會繼續上門輔導一段時間。

剛志隔月就展開一週兩天的兼職工作，並報名就業輔導的專案。出租姐姐上門輔導時，剛志並未抗拒她進門，他們聊著同行的入住者打工經驗、夾雜動畫的話題……氣氛和樂融融。

又過了一個月，剛志開始了一週五天的實習工作，穩定向前邁進，輔導在這時正式宣告結束。

最後推動剛志改變的，正是家長拆門這種展現決心的行為。從該案例可以清楚看出，家長從等待切換至推一把後的變化與結果。

剛志從開始行動，到立刻打工以及後續發展，都是因他繭居期間才三年，正好是快要固定化之前的階段，所以家長開始敦促孩子，到他真的有所行動的過程會比較順利。

剛志也告訴出租姐姐，他找父母談談未來發展並參考其意見，沒想到求職卻不順利，因此覺得和父母聊煩惱也沒用。「我一直以來對父母言聽計從……現在我想憑自己的想法努力。」相信剛志後來肯定會如這句強而有力的話，持續往前邁進。

案例5　當家長不再提供生活費

大悟（化名）大學畢業後一個人住在東京，並從事派遣工作約六年。但後來離職，開始由住在鄉下的父母提供每個月的物資。

原本家長以為只是短時間的協助，沒想到大悟卻遲遲沒有找下一份工作。即便家長去公寓找他時，他也不肯出來見人。

大悟的父母就在搞不清楚孩子狀態的情況下，抱著「沒錢也沒辦法找工作」、「不給錢，他就沒飯吃了」等想法繼續提供生活費。儘管非常擔心，但他們也只能這麼做了。

這種供錢的生活後來竟持續了十年，在大悟滿三十八歲時，家長參加了New Start的演講，結束後，他們來事務所諮詢。得知情況後，我們提出要求：「請設置停止供應生活費的期限，然後就放手，把剩下的交給我們第三方。」

因此家長寫了信：「三個月後，我們就不會提供生活費，在那之後請和 New Start 的人商量。」同時出租哥哥寄出第一封信當作自我介紹，還打電話給大悟，但他拒絕接聽；雖曾上門拜訪一次，大悟同樣毫無回應。

於是我們請家長進一步寫信：「我們不會再匯生活費過去了，接下來請跟 New Start 的人領錢。」就這樣由出租哥哥帶著生活費上門時，大悟終於願意開門了。

雖然是第一次見面，但大悟讓出租哥哥進門後便聊了許多，也許他也很想找誰說說話。他表示派遣職場氣氛非常高壓，讓他內心產生創傷，才會對求職一事非常消極。

接著出租哥哥維持一週一次的電話聯繫與上門輔導，除了閒聊，派遣哥哥也會問他求職狀況。看著大悟遲遲沒有要找工作的跡象，便提醒他：

「你父母之後不會給生活費，如果你再不找工作，就只能搬進宿舍了。」大悟這才開始有所行動。

後來他更透過電話告知：「我找到派遣工作，昨天就開始上班了。」這時距開始輔導不過三個半月，離第一次見面還不到三個月。

在這之後，出租哥哥持續上門拜訪幾個月，每次都會在閒聊之餘打聽他的工作狀況，確認他生活已經穩定下來後，輔導便宣告落幕。

出租哥哥眼中的大悟認真卻笨拙，或許就是因為這樣，才沒辦法自行走出來，其實這是繭居族中相當常見的類型。

以我們的經驗來說，即使是空白期較短，看起來隨時可以動起來的人，從開始輔導到自力更生所需的時間也要半年，一般通常要輔導一年。因此三個月對我們來說非常的快，實在令人印象深刻。更何況大悟已經繭居十年！

家長來向我們道謝時，說：「我現在很懷疑那十年到底在做什麼？」我們在受理諮詢時，很常聽到家長表示其他輔導人員談到，繭居了多久，就必須輔導多久。所以即使情況沒有立刻好轉，也不會放棄當下的方案，並繼續努力下去。

但是我們並不贊同這句話。無論是繭居十年還是二十年的人，有七成都在經歷兩年住宿生活後成功獨立。上門輔導也通常只需要一年，就讓八成的人出現轉機，像是自力更生、在家裡展開求職活動或者是搬到宿舍。

甚至有繭居十年的人，只花三個月就能夠獨立生活。

讀到這裡的各位輔導人員和父母，請不要把大悟當成特殊案例，而是應在未來經常摸著良心自問：「我是否阻擋了當事者的未來？」

案例6　相信並等待十年，結果？

小步（化名）大學畢業後就繭居，並維持了兩年。他毫無工作經驗，即使父母勸說找兼職，他都不願意嘗試，即便詢問理由，他也完全不肯回答。此外，小步的個性比較敏感，經常因為壓力而腹痛。

我們決定先由出租姐姐展開輔導。

當時不管是請小步接電話還是出租姐姐上門拜訪，小步都毫無回應。就這樣努力了五個月後，他開始在預告上門日出門。

這種連上門也見不到人的日子持續三個月後，我們請家長提供協助：「請設定期限要求他去打工，並告知只會再提供半年的金援，接下來他必須從獨居與搬到宿舍之間選擇，有困擾時必須找出租姐姐商量。」

家長對此非常苦惱：「那孩子個性很敏感，我不確定是否要做到這個地步。」結果後來便聯絡協會：「或許孩子再休息一段時間就會改變，所以我們想再守候他一陣子。不必再上門輔導了。」

既然家長不願意行動，我們也找不到調整流程的機會，便順從家長的要求停止輔導。就這樣在為期八個月的輔導中，我們只稍微瞥見過小步的身影而已，連聲音都沒有聽過。

接著又過了十年，我們在小步三十五歲時收到家長的聯繫，希望我們再次上門輔導。

詢問小步的狀況後，得知他在這十年間完全沒有接受打工面試等具體行動，後面五年更是一步也沒踏出過家門。最近似乎還出現幻聽，會突然從自家窗戶怒罵路人，認為對方是在說自己的壞話。

小步的狀況在這十年間出現嚴重的惡化，甚至到了根本沒辦法獨立的程度。我們認為小步可能罹患了思覺失調症等，後續只能交給醫療。所以我們建議家長先帶他去醫院，並拒絕上門輔導。

十年前，家長指望小步慢慢打起精神，採取相信並等待。他們當時應該是考量到態度強硬，可能會讓小步內心受傷，所以選了比較保險的做法。我能明白他們的心情，也深知從背後推一把確實伴隨著風險。我們也曾因當事者強烈抗拒，而立即決定改變輔導方針。

但透過這個案例可以看出，相信並等待同樣有風險。

其實，當本協會開始輔導後，決定繼續在旁等待的家長並不多，因為堅持相信並等待的家長，要不只想諮詢，不想實質輔導，要不就是連諮詢都不願意。而且在眾多繭居族當中，這樣的家長恐怕占了相當大的比例。我很擔心他們五年後、十年後會不會感到後悔。

可是，世上沒有絕對正確、沒有風險的選項。所以請各位在採取行動之前先明白這個前提，接著思考自己該相信孩子的哪個部分。

第四章

光靠親子對話，無法解決問題

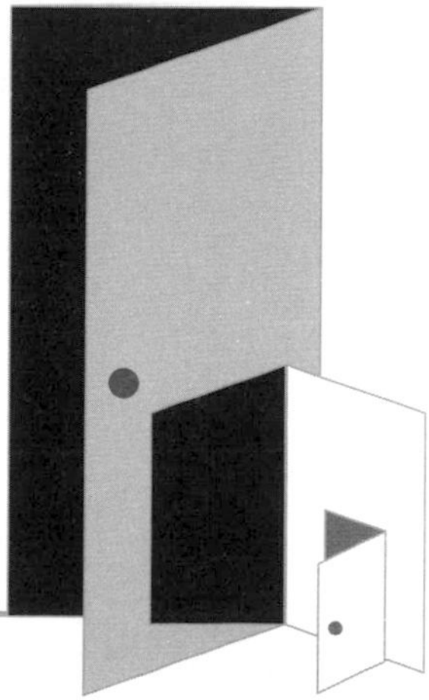

幾乎沒有繭居當事者會親自前往輔導相關機構諮詢，畢竟他們徹底封鎖與他人的聯繫，所以極少有人能主動找諮詢專員這類陌生人，並聊出自己的心聲。即使有想要商量的對象，往往也因對他人或外界的恐懼而無法實際行動。

如此一來，會向外界求援的必然就是家長。近年來，隨著繭居者或家長的高齡化，八〇五〇問題日益嚴重，所以諮詢者為當事者兄弟姊妹的案例逐漸增加，儘管如此，還是以家長居多。

但若整個家庭都很封閉的話，家長根本不可能找人商量。幸好，近來出現了「繭居是需要諮詢的問題」風潮，諮詢窗口增加，願意諮詢的比例也跟著提高，這是好事。

家長諮詢時，最常聽到這類話：「要先打造出親子能對話的關係。」、「改善親子關係吧。」雖然窗口會具體建議家長可以怎麼做、如何思考、該怎麼搭話，還會提供某些機構所舉辦、孩子也能參加的活動等傳單，讓家長轉交給孩子。

但若孩子沒有表現出參加意願，終究會回到「先從親子關係開始著手」。為此，家長定期去諮詢，按照建議對待孩子，以打造出能對話的親子關係——這是繭居諮詢中很常見的模式。

但我認為，諮詢窗口逐漸轉變成「專為家長打造」的支援入口，以改善親子關係為主要目標，這個做法並不恰當。

繭居族幾乎整天都待在家裡，說話對象也只有家人，因此家庭關係與家中氣氛變化．都會對孩子造成莫大影響。家庭關係若良好，當然是再好不過了。

只是這種輔導方式變成主流的現況，讓我產生很大的疑慮。

父母描述的狀況，往往跟實際不一樣

陷入繭居狀態的終究是孩子本人，所以輔導的基本應該是直接接觸當事者。用醫院來舉例，如果病患本人不到場，醫生就沒辦法檢查、診斷，更不可能開藥了。然而，繭居問題鮮少有當事者願意來諮詢。既然沒辦法直接接觸到本人，第一步自然是聆聽家長的話語並提供建議。

請別忘了，**對家長的輔導雖然最為普遍，但這是退而求其次的方案**。

本協會在輔導前會先向家長問清楚當事者的狀況，可是實際到場見到當事者後，我們往往發現情況和聽到的不一樣。所以我們不會在長期僅接觸到家長的情況下提供協助，勢必會透過宿舍或上門等方式直接聯繫當事者。儘管實際情況會依個案出現少許差異，不過從整體輔導效果來看，最好的是**同時輔導親子雙方**，其次才是僅輔導當事者、僅輔導家長。

姑且不論繭居，世上各式各樣的困難與社會問題中，不必接觸到當事者就能發揮效果的方法，到底有多少呢？

我並非否定僅接觸到家長的諮詢或是專為家長打造的支援，而是說這種服務雖然有必要，但仍不可忽視其定位與極限。說得更直接一點，基本上**支援服務不應只停留在家長諮詢這一步，必須實際延伸到當事者**身上才行。

一般來說，怎樣算是優秀的支援？這邊要介紹日本厚生勞動省的《繭居評估，支援相關指引》。裡面提到，繭居輔導通常會依下列階段循序漸進：

1. 家屬支援：首次諮詢與評估階段。

2. 心靈輔導：針對當事者提供心理層面的輔導。
3. 輔導：安排日間照顧或避風港般的場所，讓當事者重新與同年齡層交流，以作為緩衝與過渡時期。
4. 正式展開社會活動（以就學或就業為主）。

此外，指引也提到「基本上這段過程應依階段順序進行，不建議輔導人員加速或是省略部分階段」。當事者為成年人時，可以從第二階段開始。若當事者未成年；已成年，雖不情願但仍跟家人去諮詢；或只有家屬能前去諮詢等情況，則從第一階段開始。

要依上述順序提供輔導的話，在第一階段，只有當事者為成年人且主動諮詢時，才可以跳過第一步驟。也就是說，官方認為不能止步於家長諮詢，必須發展至第二步驟——直接輔導當事者。

指引提到「輔導人員不能漫無目的、持續且長期替家屬諮詢，而要正式評估當事者為何無法現身」，從這裡同樣可以看出，日本把僅受理家長諮詢視為問題。

具體的家屬輔導，包括個別面談、家長社團等團體活動。

「針對家屬的心理與社會性支援，應著眼於家庭內的溝通模式、家庭關心，使家屬能藉由諮詢做出改變，進而帶動當事者的變化。同時也應搭配心理教育，以利家屬更理解當事者，分析當事者繭居問題的事態與背景，從精神醫學角度發揮適當作用。」指引中，明確指出家屬輔導的目的，在於促進家庭關係變化以及當事者的轉變。

順帶一提，《繭居評估，支援相關指引》認為，繭居有很高的可能性是因為疾病，有過度牽扯到精神醫療的傾向。不過，畢竟編撰這本指引的團隊以精神科醫師為主，會有這樣的傾向也在所難免。

只是，從我們的實際經驗來看，並非每個人都適合「按照這四個步驟的順序」進行輔導。

我們對這份指引感到疑慮的地方不只如此，不過裡面確實有說「只有家長的面談或團體活動，不應毫無節制的持續下去」，與我們的想法不謀而合。

然然，根據我們聽到的具體輔導狀況，得知一些不太一樣的情況。很多人表示：「我到處諮詢，但大家都只是聽我說話而已。」、「我花了好幾年參加家長社團或講座，兒子卻毫無變化，所以放棄了。」

雖然這些人因無計可施才來到本協會，而我們只聽到單方面的說法，但至少可以確定，這就是實際情況的一部分。

雖然家長有了與輔導人員討論的機會，但**實際上過程中大半都以家長為主，輔導人員鮮少真的接觸到孩子**。這種只有家長出面的諮詢持續數年，已成為理所當然的景象了。

換句話說，很多案例一直卡在家屬輔導的階段，耗費了漫長歲月，輔導人員卻從未直接接觸當事者。而該階段維持三年很普遍，甚至有家長接受了長達十年的輔導，還是無法把孩子帶去諮詢。

前文提到，相信並等待的極限是三年、看出輔導是否合適的期限則為兩年、輔導人員應要設定相信並等待的停損點等。在當事者沒有任何變化的情況下，單純聆聽家長心聲的輔導方式維持兩、三年就算了，竟然還有長達十年的案例，實在是太久了。

尤其公家機關提供的諮詢窗口，不是秉持獨特理念的民間輔導，更應該遵守厚生勞動省的指引：「輔導人員不能漫無目的、持續且長期替家屬諮詢，而是正式評估當事者為何無法現身。」

還有，雖然指引提到，「當事者遲遲不肯現身，或出現家屬也難以認同的發展時，就應要考慮上門輔導，想辦法接觸當事者」，但是公家機關的上門輔導卻鮮少順利。

一大原因是輔導資源不足，如部門沒有提供這類支援，沒有舉辦家長的講座或者是沒有能吸引當事者的環境等。另一個原因則可能是從家長諮詢、上門輔導，發展至直接輔導當事者並成功的經驗偏少，讓公家機關沒辦法整理出一套有系統的輔導方案。

對輔導人員來說，自己服務的機構沒有提供新的輔導方式，或當事者不來就沒辦法轉介給醫院或就業輔導，偏偏又得貫徹「不能拒絕輔導」的話，恐怕就只能維持現況，繼續和家長討論而已。

我認為就是因為這樣，才會造成許多案例中，輔導人員都沒能直接輔導當事者，只能一直跟家長諮詢，想盡辦法要他們增加親子間的對話。

大部分繭居族缺乏物欲

如前文所述，輔導人員一直卡在跟家長對談的原因，在於把目標設為改善家庭關係、增加親子間對話。其實，就實際狀況來說，相較於幫助孩子自力更生，讓已經歸零的親子間對話死灰復燃，反而困難得多。

至於改善親子對話為何這麼困難，這裡介紹幾個理由。首先是世代造成的價值觀差異。

尤其與工作有關的價值觀變化甚鉅，因為家長與孩子面對的環境截然不同。再加上我們觀察這麼久，發現**大半繭居族都缺乏物欲**。這個年代只要有智慧型手機、電腦與網路，不花錢也能找到許多樂趣。

家長會建議孩子應徵正職或考取執照，以追求穩定的生活，可是對孩子來說，在這個無法預測未來發展的社會，根本看不出什麼才是真正穩定的工作。孩子和家長之間的立足點，可說根本不一樣。

孩子在繭居前願意聽家長的話，往往不是因價值觀相近，而是希望獲得父母認同和歡心，還有一種可能是，知道自己的想法說服不了父母，所以乾脆閉口不談。

從我們接觸過的繭居者來看，可以發現他們都不擅長為自己努力。這是因為一路打拚過來的家長，往往用「我都是為了你」、「這是你自己的責任」等話語來刺激孩子，結果導致**他們一直以來努力的動機，都不是為了自己，而是為了別人**。某個人的感謝，才是他們的動力。

甚至有人告訴我們，他之所以能持續工作，並非工作內容輕鬆或薪資高，而是「比較容易聽到別人說謝謝」。

長期下來，他們根本不知道該怎麼為自己努力。

可惜當事者在家的期間，都無法意識到這點，往往在他們必須搬進宿舍、遇到各式各樣的人，或實際工作並大量體驗失敗後，才會得出這樣的結論。

親子之間有世代差異造成的代溝，再加上孩子繭居導致社會經驗較少，尚未建立起明確的價值觀，所以對雙方間的差異懵懵懂懂。如此一來，**即使親子願意促膝**

長談，最終仍會變成家長單方面灌輸自己的價值觀。這可稱不上是親子對話。

有些事情就是無法和父母聊

各位是否也有無法告訴朋友，也不敢讓家人知道的事？世上既有因為是面對父母，所以敢說的話，但也有正因為是父母，所以說不出口的內容。

舉例來說，很多繭居族會想，「我不想辜負爸媽的期待。」、「知道他們希望我工作，可是我對工作很沒自信。」、「他們會問我想做哪些事，但我真的想不出來。」他們認為自己的真心話會讓雙親失望，所以什麼都不敢說。

有些人甚至連遭到霸凌、工作上不斷失敗等導致繭居的原因，這麼重要的事都從未向家人提過。這是因為他們明白父母的心情，知道他們會自責「為什麼當時沒注意到」。

而家長看著現在的孩子時，內心會忍不住將其與年幼時的身影重疊。面對一路看大的孩子，很容易認定「他就是這樣」、「肯定是這樣想」。當家長有這方面的誤解時，有些孩子就沒辦法出聲否定。

當孩子產生前述心情時，便認為與其對父母說出真心話，不如保持沉默比較實在。結果家長越是溫柔的說「把想法告訴我」，孩子越會緊閉嘴巴逃回房間。

不過，當事者在搬到宿舍後，因遇到許多有相同經驗的人，所以能慢慢吐露心聲。有些人也會變得願意向工作人員傾吐，有些人即使不提自己的事情，也會聆聽其他入住者的經驗談，進而發現原來自己並不孤單。

這裡還有一大關鍵，是即使能像這樣和入住者們暢聊心情，之後有穩定工作得以自立更生的人，**事後仍舊不會和父母聊起當時的心情**。和畢業生聊起繭居往事時，我們有時會問：「是否有告訴父母？」得到的答案總是「至今不曾提過」。

雖然有一部分原因，是已遇到能訴說心情的對象，但他們仍表現出盡可能不讓父母知道的樣子。既然是在繭居已成過去式的獨立狀態下，都不願意告訴父母的事情，那麼身處繭居狀態時就更不可能說了。

就算說得出口，對於當事者而言，硬談不想告訴父母的事，理應非常痛苦。所以我很懷疑，真的有必要執著親子對話，讓孩子內心糾結嗎？這麼做真的是為了孩子著想嗎？

信賴感一旦失去，很難拿回來

繭居族的親子對話模式，多半是孩子完全不回話或閒聊會有來有往，但一談到重點就保持沉默。

兩者的共通點，都是當事者內心深處認為「就算說了，你們也不會聽」。背後原因主要分成兩種，一種是當事者從小到大所累積的親子關係，另一種是繭居的頭一、兩年，家長不願聆聽當事者想法所造成的。

尤其是繭居初期時，家長往往無法接受自家孩子繭居的現實，焦慮的碎唸：「為什麼會賴在家裡不出門？」、「必須工作才行！」並拚命的想讓孩子動起來。

有些人會在這時吐露心聲與心情，但繭居帶來的罪惡感，卻讓他們表達得非常心虛，只能消極的說：「想再休息一段時間。」最後都是在被家長否定的情況下收場。如此一來，當事者可能吐露幾次自己的主張後就放棄，認定跟爸媽講也沒用。

而我們事後告知家長當事者說過的話時，幾乎大部分家長都沒有印象。或許是因為他們當時也很努力，再加上希望孩子儘早擺脫繭居的心情太過強烈，所以下意識說出那些話。

就這樣錯過最初能夠對話的時機後，當事者便徹底封閉心靈。這樣的情況維持三年，便不再對父母說出真心話。

隨著繭居期間的拉長，家長開始體認到不能說重話，要更尊重孩子的心情，並努力靠近孩子。這段期間的家長都已經做好心理準備，為了能得知孩子的心聲與心情，無論是多麼負面的話語都願意接受。

偏偏對這時的當事者來說，「父母不是傾吐心聲的好對象」等想法已深根在腦中。所以，不管家長多麼努力改變態度，都很難解開這個僵局。

像這樣互相錯過的結果，就是很多當事者都斬釘截鐵表示，**即使已經獨立、能跟父母常對話，仍無法把他們當成傾吐心聲的對象**。在面對其他入住者或可信賴的工作人員時，當事者卻能在熟悉對方之後，開始說出心裡話。

身邊有能訴說心情的對象很重要，但若家長執著讓自己成為這樣的角色時，或許反而會使繭居期間拖得更久。

父母的眼神，使他更有罪惡感

有些家長雖然想和孩子聊聊，但盡量不主動搭話，選擇靜靜守護著孩子。他們讀完前面的文章後，或許會認為自己沒有強求孩子跟家人對話，所以沒問題。其實這類家長構築出的親子關係，往往與不斷向孩子搭話的家長一樣。這是因為「眼睛會說話」。

很多繭居族心思敏感，他們很少與外界接觸，所以注意力都放在父母身上，因此比家長以為的還要能感受出他們的想法。

舉例來說，**有些家長說：「慢慢休息，沒關係。」內心卻想：「希望孩子盡快回到社會。」當事者其實都感受得出來**。這時家長洩漏出的不只有心聲，還包括「因為擔心傷到孩子，而說出違心論」的氛圍，這會讓當事者更加抱歉並陷入自我厭惡。但這也不代表家長說出真心話，就可以解決問題，比較好的方法還是先明白

「無論如何都會被發現」這個現實。

即使家長什麼話都不說，孩子也能從其眼神接收到許多訊息，例如：只要稍有動作，父母就會感到開心、反之就會很擔心。看著父母的喜憂都被自己的言行牽動，孩子也會變得綁手綁腳。

有的家長會假裝不經意的丟一本徵人廣告在桌上，發現孩子在看的時候，內心竊喜。但其實這時的當事者徹底失去信心，認為去應徵也不會順利，所以注意到父母的喜悅後，認為：「終究會讓父母失望，害他們白高興一場了。」最後就不肯再拿起徵人廣告，避免讓父母產生期待。

還有一種很常見的情況是，當事者試圖做出改變，卻看到父母一臉擔憂，最後乾脆放棄。舉幾個例子：

當事者想參加打工面試時，家長開始擔心：「面試時能好好說話嗎？」、「你有準備好嗎？」

當事者決定開始工作時，父母擔憂的問：「工作環境好嗎？」、「會不會被罵後又陷入沮喪？」、「能持續下去嗎？」

當事者想獨居時，爸媽又忍不住操心：「會不會變成垃圾屋？」、「吃飯會注意營養嗎？」

實際上，家長分成會真的提問「沒問題吧！」及努力不問兩種。不論是哪一種，當孩子感受到父母擔心的視線時，就會越來越不安，而心生放棄，結果繼續維持原本的繭居生活。

家長是否實際開口的差距其實不太大，有時儘管家長自認為什麼都沒說，當事者卻已透過眼神等注意到其真心話，只是沒有實際表達出來而已。

因此，就算家長不斷調整表面上的應對，例如：突然開始搭話、稍微改變說話方式等，當事者仍可感受到父母真正的想法並未改變。結果就是，他們依舊難以回答父母的話語。

缺乏溝通能力的，其實是家長

很多人都有以下兩種認知：繭居族的溝通能力偏低，家長因適應社會生活，所以溝通能力比孩子好。然而，在有繭居者的家庭中，有很多案例都是侷限於親子關係時，家長的溝通能力反而比當事者差。

首先前文所述，孩子們其實很清楚父母的心情，但在爸媽的眼裡，滿滿都是自己的期盼，所以無法認真聆聽孩子說話。

這邊以拒絕上學的大學生為例，當事者認為自己不可能重回校園，理由有很多，包括入學後才發現對選擇的專業沒興趣；推甄入學後課業跟不上；留級導致無法融入年級較低的班級；沒加入社團等，因此沒能認識新朋友；朋友升上新的年級或畢業了，進而感受到彼此差異等。

家長內心通常擁有如此期望：「既然都讀大學了，當然要去上課，至少撐到畢業。」但他們知道說出口的話會造成孩子的心理壓力，於是小心翼翼的不提起這方面的話題，頂多挑個時機若無其事的詢問：「你對學校有什麼想法嗎？」

當事者聽到後，能感受到家長並未說出口的真心話：「回去上學吧。」所以他們知道如果表達「想休學」的意願，會讓父母傷心，最終仍決定回答：「我會去上課。」可事實上，當事者仍抗拒上學，導致拒學情況持續下去。

家長聽到孩子的答案後，誤以為他「還想回學校」。然而看到孩子始終待在家裡，就認為孩子心有餘而力不足，於是決定耐著性子靜待對方恢復，沒想到就這樣虛度好幾年。

這是實際發生過的案例。我們上門輔導期間注意到親子溝通的落差，因此協助雙方對話，後來孩子辦理休學並開始打工，很快自力更生。

雖然當事者沒有好好表達出自己的真實想法，但能明顯發現，孩子非常了解父母。相對之下，**父母卻聽到什麼就當作是什麼**，如果能再進一步思考孩子的真實想法，雙方就不會白費那麼多年在繭居問題上。很多案例都像這樣，家長無法從孩子的話語或態度，確實讀取藏在背後的真心話。

除此之外，即使時代改變，有的家長仍對自己的價值觀深信不疑；或反覆詢問孩子，直到對方說出自己想要的答案為止，另外還有家長完全沒注意到孩子委婉表達背後的涵義等。

家長擅長說出自己的意見，但面對孩子的囁嚅，尤其是「沉默」，卻解讀能力不足。所以硬要說的話，親子無法對話的原因通常落在家長身上。

因為不想被討厭，所以不敢要求

有些親子能對話，甚至可以一起外出吃飯，只是家長不想因為說錯話，而破壞現在的關係，讓他們不由自主的看孩子臉色，避免做出會被討厭的言行。

「要是孩子完全不跟我說話……」我能明白家長的心情，但若因為這樣就不敢說出真正的想法，自然無法帶來有意義的對話。總想著遲早可以認真聊聊，結果拖到了三年都沒能好好溝通，彼此的關係已經固定在「家長只說順耳的話」這個狀態，於是又過了五年、十年——這樣的案例屢見不鮮。

事實上，**想要推動孩子，有時必須做出容易被討厭的事**。舉例來說，在本協會上門輔導的過程中，會具體告知爸媽哪些行為有過度保護的傾向，請他們別再這麼做了。其中最常見的，就是不要再給零用錢。

在這之前必須先告知孩子：「不再給零用錢囉。」然而有些家長卻說不出口。有時好不容易寫紙條通知，等當事者提出要求時又忍不住給錢。

「一直繭居下去不是好事。」

「希望孩子找個地方好好工作，展開社會生活。」

家長的這份心情是促使孩子回應輔導的重要動力，但他們說不出口的情況其實並不罕見，進而導致家庭成了當事者逃避的場所。即使輔導人員提出許多邀約，當事者仍不為所動。無論花多少時間，輔導人員與當事者始終沒產生交集，彼此虛耗光陰。

雖然當事者自己很清楚不能繼續這樣下去，但他們卻無法以自己的力量做出改變。這時，能驅使其行動的就是家長的認真態度。如果家長不敢說出真心話，仍維持軟弱的樣子，彼此無法真正對話，自然也沒辦法推動孩子。

我能明白家長不想失去還能與孩子閒聊的關係，但這種閒聊無法深入內心。有時想要越過藩籬，就得說出可能被討厭的話語。

因此關鍵時刻來臨時，父母能否表現出「為了孩子的將來，就算被討厭也不怕」的決心，會帶來莫大的差異。無法下定決心的家長，即使能與孩子聊個幾句，仍只能在彼此無法透露真心的情況下虛度時間。

「尊重當事者想法」，這話只對一半

家長會渴望跟孩子對話，大概是因為想聽聽孩子的想法。聆聽且尊重當事者，使其得以前進，解決繭居問題。但這種思維的前提是「透過對話引導出的當事者想法，是可以信賴的」。然而根據我們的實際經驗，現實並非總是如此。

首先，不論當事者處於什麼情況，繭居使人的社會經驗或知識變得匱乏。像是不少人因不擅長與人相處所以想找行政工作，結果聽到行政工作經常要接電話，有時也要接待訪客時，就很慌張；許多人則盲目思考，「總之先從大學畢業就好」、「只要考取這張執照就好」。也有很多人不夠了解自己，說「想脫離繭居，我必須這麼做」等，可以說是這些想法難以讓人信賴。

再加上繭居超過三年後，當事者各方面都已經固定下來。總會不知不覺選擇維持現狀而非變化，導致說出口的想法，往往帶有「不要管我」的意思。也就是說，在親子反覆對話下引導出的想法，很可能對解決繭居問題毫無幫助。

此外，最常見的其實是「沒有想法的人」。有些人從小就沒有強烈主張，總是隨波逐流；有的人則是在父母「不能任性」的訓練下，逐漸無法說出真心話；有些人受到導致繭居的事件或是繭居生活影響，失去信心與主見。

所以詢問繭居者有什麼想法時，他們往往腦中一片空白。然而眼前的父母又表現出期待：「孩子應該有什麼想法吧？」如此一來，當事者便因罪惡感而陷入沉默，讓父母誤以為「沒有成功對話，所以他才不願意表達出來」，結果又花更多時間，試圖打造出能對話的關係。

我們也很常聽到這類案例：「繭居族因無法承受父母期待的目光，所以說出違心論。」舉例來說，在父母追問想找哪種類型的工作時，當事者因為感受到壓力，而隨便說出：「可以試試這個工作，我說不定辦得到。」讓父母喜出望外，趕緊拿出努力找來的徵人資訊，結果孩子卻無動於衷，讓父母疑惑不已。

最重要的，則是當事者的想法會隨著各種經驗改變。繭居時總說著「就這樣靜靜待在家中最好」的人，很常在輔導過程中，說出自己或許可以去工作這種截然不同的想法。

繭居族的想法其實非常模糊。所以與其為了引導出這樣的想法，而耗費漫長歲月在打造親子對話上，**不如先將當事者推到外界，讓他們累積各式各樣的經驗**比較重要。

我了解家長追求親子對話的心情，能對談當然再好不過了。但是本章的宗旨要告訴各位，這條路非常艱困，不僅可能到不了目的地，甚至可能走錯路。

當然，有暴力伴隨的情況另當別論。這時請立即停止追求對話、貼近孩子的內心，親子間需要先拉開的物理距離。

如果是「青春期時有幾年做出暴力行為，現在已經完全沒有」的情況時，或許可視為單純的反抗期。若當事者現在還持續暴力行為，或者是上一次的暴力，讓家長記憶猶新，膽戰心驚的過日子時，就等於爸媽徹底成為孩子的奴隸了。

國王（當事者）與奴隸（父母）不會產生平等對話。只要奴隸表現出讓國王不順心的言行，國王就會訴諸暴力讓奴隸閉嘴。

不平等的關係裡，不存在平等對話。

最重要的是，使用暴力同樣使當事者痛苦。他們無法跨越心中的挫折，所以把怒氣宣洩在願意放縱自己的人身上，但其內心深處也明白暴力無法解決根本問題。

換句話說，家長和孩子保持不會遭受暴力的距離，也是為孩子著想。

這種國王與奴隸的關係一旦成形就很難摧毀，光憑親情根本無能為力，所以才需要第三方的介入來改變親子關係的型態，並想辦法解決挫折的根本原因。

「我跟孩子能互相理解」，這是在作夢

致力於改善親子關係或打造親子對話的家長，內心某處肯定都認為，自己能跟孩子互相理解。這裡請容我講清楚——這種想法根本只是作夢。

綜觀各式各樣的事件，就算回溯歷史，也能發現滿滿的親子爭執事件。當事者在我們的輔導下交到朋友、獨立生活後，卻仍無法和家長彼此理解，這種案例一點

也不罕見。

我這時都會想起美國著名發明家愛迪生（Thomas Alva Edison）的名言：「天才是一％的天分，加上九九％的努力。」這段話除了表達努力的重要性之外，同時也傳達「沒有天分，努力也是白費」的涵義。無論從哪個方向解讀，天分與努力都很重要。

人際關係亦同，無論多麼努力，世上就是存在完全沒有共通點，也理解不了的對象。**人們會成為親子關係，不過是種運氣或巧合**。如果這其中沒有符合「一％天分」的部分，那麼無論多麼努力，最終都無法理解。反過來說，親子無法相互理解，有時並不代表努力不夠。

世上有再怎麼努力也得不到結果的事，也有許多親子事後又慢慢恢復交談。看到這些案例時，我都覺得「他們很幸運」，而不是「他們很努力」。

很多無法了解孩子也無法與其對話的家長，都會自責：「都是因為我有所不足。」認為自己必須更努力才行。

我想告訴這些人：「有時候單純是運氣所致，所以不理解也無所謂，不必過於焦慮。」

最重要的是，根據我們的經驗，即使親子都不明白對方在想什麼、難以對話，關係也未改善，但在雙方保持距離的情況下，許多繭居族破繭而出，獨立後從本協會的輔導中畢業。

只要是人，就擁有獨立的人格，所以與他人的相處，不管多麼努力，未必能彼此理解。不過，即便在這樣的情況下，仍可解決繭居問題。假設有人耗費漫長時間想弄清楚孩子所想卻未能如願，進而陷入痛苦之中，這時請放下對自己的苛求，思考其他解決之道。

想辦法讓他和家人以外的對象談話

想要往前邁進，擁有能了解雙方心情的交談對象很重要。只是當事者在繭居期間，身邊只有家人而已，所以家長通常會試圖擔起這個責任，並為此努力。

可是在大多數的情況下，家長注定不可能擔起這個責任，沒辦法成為與孩子互相理解的交談對象。如此一來，不論家長多麼認真正視孩子、學習、努力都不會順利。這並非父母的問題，只是單純運氣不好。這時請改變努力的方向，為孩子安排接觸外人的機會。

所謂的自立，代表孩子的世界裡存在父母不了解的事情。青春期或反抗期就是起點，孩子逐漸有不能告訴父母、父母所不知道的部分，並在這樣的情況下持續成長。如果能在外界找到談得來的對象，孩子自然就會朝外發展，理應能順利脫離繭居生活。

有許多案例都是當事者透過獨立生活慢慢建立起自信，然後才終於敢見父母並開口說話。所以如果堅持先從親子對話開始的話，我們的輔導成功率恐怕會降到一半以下。假設輔導人員在上門前要求「家長必須取得當事者的理解」，那麼大半案例都無法進入輔導階段。

我們深知家長試圖改善親子關係，想和孩子對話的期望，所以我們並不認為朝這個方向嘗試努力是錯誤的。只是如果努力了好幾年仍毫無進展，那麼就該思考其他方法。

請不要過度堅持親子對話，當父母嘗試溝通兩年後還是失敗，務必改變輔導方式。不知道該怎麼安排孩子與外界接觸的機會時，首先應做的就是找第三方協助。條條大路通羅馬，親子對話並不是解決繭居問題唯一的路。

案例7　該下定決心的，是父母

這是阿仁（化名）從本協會宿舍畢業兩年後，和父母一起準備講座分享自身經歷時，告訴我們的故事。能同時聽到親子雙方的想法，對我們來說非常罕見。

阿仁國中時有段時間拒學，不過進入高中後沒有拒學跡象，也順利畢業。他擅長數字，所以大學選了理工系。但從二年級起不太去學校，導致留級。他在重讀二年級時告訴父母不想去學校，於是辦理休學。

阿仁給出的理由是人際關係不順利，但家長看出這不是真正的原因。他不去大學期間，母親再婚了。所以最初是母親與繼父一起前來諮詢，繼父為了改善阿仁的狀況卯足了勁，便拉著母親來本協會。

當時，阿仁的外婆跟他們住一起。從繼父的角度來看，外婆很愛干涉他人，聽說阿仁母親從小就受到外婆過度干涉，因此母女關係不睦。外婆也參加了輔導前夕的面談，看起來是位一絲不苟的人。

阿仁休學後，過了八年繭居生活。他在回顧這段期間時，把這些年切割成初期、中期與後期。

母親眼中的繭居初期是這樣的：「他起初說要取得電腦相關證照，並從事這方面的工作，卻始終沒有什麼動作。」、「我第一年會期待他有所行動，也會問他打算什麼時候開始工作，結果慢慢失去對話。」

繼父對阿仁的評語是「有心就辦得到」、「不知道為什麼不肯行動」，所以他初期非常努力的推動阿仁。他甚至表示：「我在頭一、兩年覺得要做點什麼才行，因此說了很多像是『還要一直依賴他人到什麼時候』嚴厲的話，還告訴他『不聽別人意見的話，老子也不去上班了』，而且真的這麼做過。儘管如此，他仍舊保持沉默。現在回想起來，我實在很過分。」

最令繼父感到不可思議的，是他都把話說得這麼難聽了，吃飯時邊看電視邊閒聊，阿仁還是會回應他。這種在家中多少能閒聊的關係，一直維持到阿仁搬到宿舍時。

阿仁提到繭居初期時，透露了許多當時內心的掙扎：「我在休學後的第一、二年非常努力，參加打工面試卻沒成功。我還是想繼續努力，但沒想到越想努力，身體越不舒服，有嚴重的眩暈與反胃感，所以我就躺著休息。後來陷入一思考就會不舒服的循環，想要試圖努力，也很難受。

「不舒服到整天躺著時，看起來就像是完全沒在動，導致當時父母質問我到底想怎麼樣。」從他的話中，可以感受到親子之間的認知落差。

但阿仁從未透露過自己的真心話：「我沒有告訴他們不舒服的事，總說自己在努力，卻沒有拿出成果。」我們問他當時是否向父母提出過什麼要求，阿仁思考片刻後回答：「我應該沒想過這個問題。」

「當時父母最常對我說的就是：『到底想要怎樣。』但這真的很難回答。**因為我自己也不清楚該怎麼辦才好**。」

到了中期，母親與繼父的態度不那麼強硬了。

母親不知道該怎麼拿捏與兒子的距離感，只能小心翼翼的應對。繼父則受到初期說重話的經驗影響：「我決定不再主動開口，而是根據他說的話隨機應變。」

繭居生活乍看非常平穩。用餐時間到，阿仁就會出來吃飯，不僅願意與家人閒聊，也會幫忙做家事，其他時間只是安靜的待在家裡。

「因為努力也沒用，所以就放棄了，我已經不想再和其他人扯上關係。」這是阿仁當時的心情。中期的阿仁完全不想外出，腦袋中一片空白。但他的內心並未獲得真正的解放：「雖然放棄思考後就不會難受了，但心情上也稱不上舒服。我只能盡量不去思考，過一天算一天。」

「當時沒發生什麼事情，生活照常運行。事到如今，也不會逼自己再做點什麼。而時間就這樣流逝了。」母親的這段話，充分表現出繭居長期化會有的心理。

繼父也表示：「我們有時覺得繼續這樣下去也無妨。」安穩的生活，似乎帶來了錯覺。

很多繭居生活就這樣，靜靜的持續了十年、二十年，但阿仁的狀況並非如此。繭居後期，也就是倒數一、兩年，雖然阿仁刻意不去思考，但壓力反映在身體上。「當時真的很痛苦，失眠又厭食。」

「當時我會一直打電動或上網，直到有睡意才上床休息，沒想到一鑽進被窩就清醒了。所以我過了一段沒在床上睡覺，而是邊用電腦邊打瞌睡的生活。」失眠症對阿仁的生活造成影響。聽到我們說出「這樣打電動也不會開心吧」之後，他笑著回應：「可是也無事可做了。」

厭食症的情況則是「一天吃不到一餐，吃了也控制在五分飽」。外婆的過度干涉似乎也導致厭食症惡化：「因為我有段時間沒怎麼吃東西，所以我以為她應該會準備好消化的東西，結果都是講究飽足感的類型。即便抗議，她也堅持這些食物不會不好消化。」

由於母親與繼父都有工作，因此白天家裡只有阿仁與外婆。重視孫子的外婆試圖掌握他的生活，但對阿仁來說像是被監視一樣，進而造成相當大的壓力。母親下班回家後，阿仁都會聽到外婆告訴母親：「〇〇點起床。」、「吃了□□。」

當時母親與繼父看到他不太進食而暴瘦的模樣，也擔心得不得了。「如今回想起來，我發現自從不再問他打算怎麼辦，甚至什麼也不說之後的幾年，阿仁的狀態大幅下降，情況糟到我們不知道該怎麼辦才好的程度。」繼父試著回想這段期間的變化。

由於阿仁不吃飯導致暴瘦，且當時眼看就要三十歲了，所以他們決定開始尋找外界輔導。母親表示：「我明白光憑家人已無能為力了，找有經驗的第三方談談會比較好。」繼父則認為：「總之，必須換個環境。」兩人都感受到必須讓阿仁往家門外發展。

一開始的諮詢中，母親看起來有些退卻，繼父則時不時將她的想法拉回來。到了第二次要定下輔導內容的面談時，母親的態度出現明顯變化。她說：「這種事情不能等本人下定決心，該下定決心的是我們。」

外婆告訴我們：「我願意出錢，請幫幫那孩子。」最後在繼父一句「只能這麼做了」的勸說下，母親終於做出決定。

面談結束後，他們直奔阿仁的房間告訴他：「我們今天已經去找人談過，也決定好時間了。〇日起你必須去這個地方。」

「我們沒有問他想怎麼做，因為要是被拒絕的話，我們會迷惘，而他也沒辦法做出決定。」這就是當時家人們的心情。

當我們提到搬進宿舍的話題時，阿仁答應了：「光靠自己，實在不知道該怎麼辦才好，相信父母也不知如何是好，所以似乎只能接受了。」因此便主動準備好行李，然後搬到宿舍。

後來阿仁踏進位在千葉縣的協會宿舍，繼父提到搬家當天的阿仁時如此敘述：「他面露微笑。」母親說：「他似乎覺得清爽多了。」顯然阿仁當天的表情開朗許多。

後來阿仁過了一年三個月的宿舍生活，終於順利獨立自主，從輔導中畢業了。

為了在講座上分享經驗，我們睽違兩年再見面時，得知阿仁依然待在相同的職場打工，不僅工作順利也深受重視。

他每兩個月會回老家一次，變得比以前還要健談。家長對於彼此間終於有像樣的對話感到開心：「以前他常常『嗯』一聲當作回答，現在至少可以回個幾句，也會主動開啟話題。」

對於這樣的變化，阿仁認為這多虧了接觸外界。「我在外面看到各式各樣的人，時不時發現原來有這樣的想法，也因此開始理解父母。」並不是努力正視父母，而是暫時與父母分開，認識了外面的人之後，才找到適當的距離感，進而產生了親子對話。

家長在他搬進宿舍之前，提出這樣的期望：「希望能幫助他培養自己的想法。」

我們告訴現在的阿仁後，他苦笑道：「我說過了，但他們大概沒在聽吧。他們總是下意識否定我，說著這樣不對、那樣不行，次數多了，我就不想再說了。」

阿仁補充道：「我在繭居期間完全不會說出我對他們的期望，因為放棄了。我想其他人即使一開始不是這樣，可能還是和父母說話、表達想法，甚至做出了什麼舉動，但這些嘗試沒能帶來回應，就會演變成這種情況，之後要再溝通，就很困難了。」

母親這時心有戚戚焉的表示：「這個問題或許只是沒表現出來，但其實原本就存在。我總是說會聽他說話，卻從來沒有認真聽過。久而久之，即使現在我會認真傾聽，他也說不出來了。」

「從旁看起來，會發現**所謂的家人也只是別人**，不可能每一處都能相通……。」聽到繼父這段話時，母親立刻回答：「沒錯。」接著兩人相視而笑。

母親分享：「前陣子他回來時，提到自己的圍棋技術已經可以贏過電腦了。我驚訝的問：『為什麼不早點說？既然這樣當初往圍棋發展就好了。』結果他回答早就說過了，只是我們不理他……這麼說來，我才想到他好像提過大學畢業想朝這方面努力。他明明已經說過了，我卻沒有當作一回事。」

看到阿仁似乎慢慢對父母敞開心胸，我們也感到相當欣慰。

像這樣聽到親子雙方分享時，最令人印象深刻的就是母親的變化。第一次面談時顯得畏縮的母親，現在露出了判若兩人的開朗表情。

我想除了從對兒子的擔憂中解放，同住外婆的過世也有很大的關係。母親不太能對過度干涉且一絲不苟的外婆提出意見。她來諮詢時表現有些壓抑。或許在阿仁還小時，她有心聆聽兒子的話語，只是礙於過去被干涉的經歷，讓她一直有種被母親監視一舉一動的感覺，所以便分心了。

也就是說，阿仁繭居、親子沒辦法好好談話的問題，跟家庭結構（祖孫三代同堂）有很大的關係。

寫到這裡，相信各位都能想像，試圖「以親子對話改善狀況」有多麼不可能了。阿仁到了已無法進食的狀況下，他能做的只有遠離這樣的家庭而已。

母親多番回想之後，甚至脫口而出：「應該早點分開的。」

阿仁提到能破繭獨立的最大理由時，這麼說：「從結果來看，改變環境是最大的因素。」

「如果換成每天固定從家裡前往某處的話呢？」對於這個問題，阿仁毫不猶豫的回答：「我認為不可能改善。」

對阿仁來說，繭居八年是段痛苦的歲月。他在住宿期間，和室友們一起玩得很愉快偶爾會與他們聊到類似的痛苦經驗。和室友們而非父母的交集，讓他終於得以獨立，並慢慢變得能與父母正常對話。

「八年很漫長。我想只要聽到這個年數的人，都會這麼想吧。當時我很抗拒外出，但待在家裡也不快樂。內心完全無法休息，不如說，**這個家讓我的心更加疲倦**。**我的房間已經不是我的避風港，只是有限的選擇中比較好的一處**而已。這是我離家後才意識到的，精神上終於比較有餘裕。

「對我來說，一開始在宿舍與他人的接觸確實很辛苦，可是，儘管必須耗費一段時間，我認為像這樣與他人有所交流還是比較好。獨自一人時不管多麼認真思考，多麼想突破困境，都很難實現。畢竟我花了八年都沒能辦到。」

案例8　他說的「願意」，可能只是一種逃避

家長來諮詢時，阿浩（化名）已二十八歲。他大學畢業後從事派遣工作，但是做了一年就離職。接下來繭居五年。

他從國中開始就沒交到朋友，職場上的人際關係也是他離職的一大原因。我們透過諮詢得知，親子幾乎沒有對話，阿浩基本上都窩在房間裡打電動，有時房間會傳出他興奮的聲音。

由於人際關係理應是關鍵，所以我們判斷他需要的不只是上門輔導，還必須在宿舍裡與他人相處。

只是讓他搬出家門獨居的話，同樣不會與他人有所接觸，以他現在的狀態去工作恐怕也不長久。取得家長的理解後，我們就以搬到宿舍為目標，展開了上門輔導。

經家長轉達出租姐姐將會到訪的消息後，就正式展開了輔導。出租姐姐寄了幾封信後才致電，當時阿浩接了電話也小聊一下。

不過，當出租姐姐提到希望可以當面和阿浩聊聊時，卻被他拒絕了。出租姐姐因此決定透過多通電話與他進一步對談，經過一番努力，才終於說服他同意見面。

輔導三個月後，出租姐姐才見到阿浩。經過多次造訪，終於進展到能閒聊一小時的程度。後來出租姐姐帶著宿舍的入住者一起前往，進入三人聊天的階段，只是有時會變成單方面的分享。

輔導滿半年，出租姐姐認為時機成熟，便邀請他搬到宿舍，結果阿浩嚴正拒絕。後來出租姐姐打電話想約上門時間時，也被婉拒。

「雖然你已經拒絕，但我還是決定過來一趟。」一個月後，出租姐姐直接前往阿浩的家，並對他這麼說。

阿浩同意她進入房間，但也表示：「妳可以不用再來了，我父母沒打算讓我搬到宿舍。他們希望我趕快去工作，所以我會去打工。」

我們事後向家長確認後，得知他們並未說過這種話，所以「要打工」似乎是當事者主動提出的。此外，家長的想法也在這時產生變化：「他有心努力、決定去打工，也會找我們聊一些比較積極的話題，所以我們想先暫停搬到宿舍的計畫。」

後來，家長致電要求結束輔導：「我們在那之後已經開始能對話了，阿浩說不想繼續接受 New Start 輔導，願意去打工了。所以我們想尊重他的想法，謝謝你們的協助。」

然而出租姐姐在一年後詢問阿浩情況時，得知他還沒去工作，但親子間可以對話。他會製作履歷表並詢問家長的意見。家長的聲音聽起來很平穩，完全沒有要再度委託協會的意思。

但我們認為阿浩會繭居且無法持續工作的根本原因，在於無法順利與他人建立關係。所以光憑親子促膝長談解決不了事情，必須與他人多方接觸才行。

事到如今，我們只能推測，當時家長或許是因能與孩子談話，再加上孩子提出願意打工，他們才會按照當事者的要求說出「不必搬去宿舍」。但是「願意打工」這句話並非出自真心，只是為了避免搬進宿舍的藉口，也是很容易想像的事。

大多家長都會追求親子對話，只要成功談話便能獲得一定程度的滿足。但在第三方介入下產生的對話，一旦少了外力並恢復原本的環境時，就會再度慢慢消失。

這種途中結束輔導的情況，通常是當事者強烈抗拒到家長不得不放棄，或因親子開始能溝通，讓家長心滿意足所致。然而，協會事後關心其發展時，當事者沒有明顯的改善，甚至有家長再度提出委託。

阿浩雖然開始會與父母聊天了，但在工作與獨居等卻完全沒有具體動作。儘管如此，只要家長認為現況很好，不需要輔導，作為第三方的我們就什麼都不能做。

第五章

七〇%繭居族都能自立

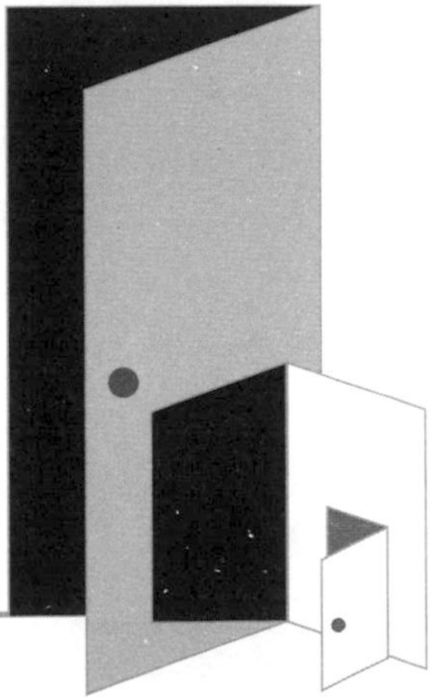

這十年來，繭居當事者或前當事者比以前更願意站出來說話，例如：站在相關活動的舞臺上分享經驗等。此外有了社群網站等平臺，繭居族們更容易對外發聲，所以我們現在能聽到許多的經驗談。

有些人靠自己的力量或是周遭協助，有些人則是透過輔導等脫離繭居狀態。這是非常好的轉變，只是有幾點令人在意的地方，就是關於「成功獨立與自力更生」的案例非常少。

他們通常都是找到避風港後，開始能跟他人交流、在家人或親戚開的店幫忙、在開導過自己的繭居支援場所上班、與父母同住、每週會出去打工幾天……這些人都擺脫了繭居狀態，所以從某個角度來看確實屬於成功案例，但仔細觀察後，會發現大半都稱不上真正的自力更生。

根據我們的經驗，諮詢時至少有一半的案例，可以努力獨立生活。既然如此，為什麼這方面的分享卻這麼少？雖然只是推測，不過或許這代表透過輔導而獨立的案例非常少。

真正心聲是「我不想繭居」

近年很常看到繭居族的家人表示，「就算一直蹲在家裡也無所謂」、「只要他願意活著就好」，而當事者也說出「請認同我們繭居的權利」等話語，可以感受到這種趨勢正在攀升。

當然繭居這個行為有時是必要的，我們並不打算否定。問題在於，脫離繭居的困難度，及家長與當事者本身感受到的痛苦。

至少在我們輔導下破繭而出的案例中，沒人是面帶笑容說「繭居很快樂」。大多數的感想仍相當負面，例如：很痛苦、浪費時間、只是刻意不去思考……即便有人表示這段時間是必要的，但他們說出這段話的表情並不明朗。

這裡的關鍵在於前一章提到的親子對話困難度。有時越痛苦，就越說不出口。事實上曾對我們傾吐「很難受、很煎熬」的人，沒人直接向家長表達過這份感受。不如說，他們當時刻意忽視這份痛苦，直到脫離苦海後，才終於體認到這是段艱難的歲月。

若孩子內心深處的希望是擺脫這種狀態，但家長卻溫柔說著「想繭居多久，就繭居多久」的話，該怎麼辦？他們很可能打從心底失望，認為連爸媽也不肯拯救自己。家人口中的「繭居也無所謂」別說是救贖了，甚至可能讓當事者更加痛苦。

雖然繭居族不會實際說出口，但其內心想著：「不想再這樣下去，希望有誰能來幫我。」

讓這句話產生正面意義的前提，是家長打從心底認為一直繭居也沒關係，使當事者在這種生活中感到平靜，進而認為成為家裡蹲也無所謂。

不要隨便帶去醫院

孩子繭居時，家長為了應對而決定找地方商量時，第一個想到的往往是醫院。

世界上確實有需要醫院、少了醫療就無法改善的繭居族。例如患有思覺失調症或強迫症等精神疾病，因需要搭配藥物控制，所以必須持續前往醫院；有些人可能是發育障礙，若不帶去醫院接受檢查，就無法做出診斷。

但是以我們受理的諮詢來說，需要去醫院的案例頂多三成左右，超過一半的人都沒必要馬上尋求醫療。

可實際情況是，沒有這類疾病的繭居族都去過醫院，而且一旦去了醫院，醫生就會給出社交畏懼症、有憂鬱傾向等病名。即使沒有具體病名，只要當事者說睡不著，醫生便輕易開出安眠藥等。雖然會說「既然沒有生病，所以不需要用藥。」的家長比以前多了，但整體來說還是很少見。

繭居族無視日夜，整天打電動，若是連外出散步、讓身體動一動都不肯的話，自然會睡不著。想到平常沒能出去和朋友玩，坐困家中，會憂鬱也很正常。

假如身體因焦慮而出現嚴重反應（如吃不下飯、暈眩等）時，考慮用藥物等控制會比較好。但我們建議可先從行動開始調整，如例改變生活型態或接觸外人等，任何可能帶來轉機的做法。

最重要的是，認清**醫院是用來「治療」，而非「獨立輔導」的場所**。

就我們的印象來說，醫院只要認定有可能造成狀況惡化，（就算惡化的可能性很低）也會建議當事者先不要找工作或打工等。但不論是誰，在找工作或到新環境工作時，本來就會不安，世界上幾乎找不到零風險的選項。

很多案例明明有望獨立，卻因在醫院得到了曖昧的病名，順水推舟的吃藥，然後就這樣過了好幾年。可以說白白浪費許多時間。

所以在帶孩子上醫院前，先想清楚他現在需要的是治療還是獨立輔導。如果家長自己難以判斷，請先找輔導機構聊聊。

不只繭居族，對每個人來說避風港是很重要的存在。當人們擁有能好好做自己、放鬆的地方，才能繼續走下去。

在日本，社會上有越來越多為繭居族打造避風港的服務。尤其地方政府更是持續增設繭居諮詢窗口。但是「營運避風港」卻不是一件簡單的事情。

首先，令人困擾的就是場所。不論多麼認真宣傳，僅有少數當事者會主動探索避風港。而且往往各有各的苦衷和需求，有些女性無法接受男性出沒的空間，有些人不想在家鄉參加，此外還要考慮到該選擇網路還是實體場所。有些人認為全員都是繭居族的聚會比較舒服，有的人則希望不要限定「僅繭居族能參與」，甚至有人表示年長者在場會比較舒適。再來要思考繭居族願不願意來？是否願意經常來？大多地方政府為此相當苦惱。

緊接而來的問題，是「怎麼把繭居族帶到下一個階段」。等繭居族熟悉避風港，且習慣與他人接觸，能做出一定程度的行動後，就必須邁向下一步了，這時最好理解的選項是就業服務，但關於這點還有許多其他因素要考慮。

有些參加者會透過避風港奪回自信，進而邁向下一步。但也有雖然願意來避風港，卻不願進入下個階段，只想停留在原地的人。面對這種類型時，與他們交流的方式及表現出的內容格外重要。就算避風港成功吸引大批繭居者，只要這一點沒有做好，就只是讓躲在避風港的人數不斷增加而已。

由地方政府提供的避風港服務正要展開，但幾乎沒有固定方案，仍處於討論、構思階段，還沒開始實踐與驗證。也就是說，現在業界對於打造避風港，及什麼樣的避風港才能促使繭居族改變，眾說紛紜。此外，民間團體或志工所開設的避風港各有宗旨，有些地方會認同維持繭居，完全不打算出手干涉。

雖說避風港會成為繭居族接觸外界的契機，但能否朝著自力更生這個目標前進，又是另一回事了。

動不動就說：「我想回學校讀書」

有的當事者在繭居期間思考該做些什麼事時，往往會選擇讀書。以拒學或休學的當事者來說，他們會考慮復學或繼續升學。要不為了升學、考取證照而讀書，或前往職業訓練學校等。

取得知識、學歷或證照，確實可以拓展工作選項，但為了逃避工作而選擇學習時又另當別論了。

相信大家不時聽見這樣的情況——為了考上醫學系等特定大學或科系而不斷重考，或是為了通過司法考試等，取得門檻很高的執照而持續學習，結果連打工經驗都沒有就到了三十歲。前幾年卯起來讀書，後來不太碰書也是很常見的情況。

以我們的經驗來說，以下幾種狀況相當常見：當事者說「讓我再考一次」，但家長已看出他不可能合格而前來諮詢；有的父母是當事者已不想努力了，就這樣虛度多年後才來諮詢；有人度過漫長繭居生活後，面對家長強烈要求「必須改變」時，才說要考證照並開始讀書，卻沒能努力到真正考到證照那一天。

年齡增長到一定程度時卻很少或毫無打工經驗，對找工作來說會是很大的風險。即便有好學歷、很多證照，仍容易被面試官評斷「不擅長應付人際關係」。除非能避開這種疑慮，否則把讀書當成逃避方式，造成負面影響的可能性相當高。

若當事者毫無就業經驗，或在短短的就業經驗中遭遇失敗時，很難邁向找工作這一步，最後往往選擇念書。這種情況就稱不上是在明白風險的前提下，冷靜做出的選擇，只是在逃避而已。當然，也有人是因為社會經驗不足，所以把學歷與證照看得太過神聖所致。

所以建議家長與周遭人協助留意，究竟當事者說要讀書，是真的對目標有用，還是單純為了逃避。視情況必須讓當事者先停止學習，將其推入社會中。

不想成功，只想普通

面對放棄變化，認為繭居也無所謂的人時，若我們問「可以的話，想成為什麼樣的人？」時，最常見的答案是「想變得和一般人一樣」、「能變普通就好」，也就是說，他們渴望的是普通。

進一步詢問他們認為的普通後，往往會發現其定義源自於家長灌輸的觀念，然而這些觀念其實已經不符合時代。其中最明顯的就是「一億總中流時代（譯註：一九七〇年代，大家都自認為屬於中產階級的風潮）」這種把正職視為必然的價值觀。儘管現代社會的工作型態變得多元，家長所灌輸的觀念卻不太會消失。

繭居族通常沒什麼欲望，且不需要太多金錢。所以他們即使沒有成為正職員工、沒有全職工作，生活上也不會有特別不足的地方。所以不少人會刻意不選限制與責任都比較多的正職工作，由此可知，繭居族們想像的普通，其實跟很多人認知的並不一樣。

繭居導致缺乏社會經驗時，無法按照實際經驗刻畫理想，只能想到家長或一般社會的認知也是難免。不少人為了追求這種虛無飄渺的普通，結果感受到其與自己的落差而失望，進而失去動力。

說繭居也無所謂的人中，他們對自己感到絕望，以為「這樣的自己只能繼續繭居」才說了那句話。事實上，他們並非真的這麼想。

當他們實際來到本協會的宿舍，脫離價值觀老舊的家長視線，親眼看見畢業前輩們的選擇，只要接著透過各種活動來產生「自己或許也辦得到」的心情，那麼大半的人都會選擇自力更生。逐漸找回自己之後，人們不會選擇再回到靠他人養、把自己交給他人的生活。

即使與想像中的普通差距遙遠，但能獨立自主的生活，其實意外的近在眼前。

獨立，才能生出自信

我們認為「能獨立的人就要讓他獨立」。

當然，並不是說只要可以獨立，做什麼都好。若一味的勉強自己靠自身力量生存，是沒辦法進入下一個階段的。這裡指的獨立，是安定且能自然持續的形式。若繭居族想要實現這樣的目標，在正式開始找工作之前，必須先安排一段時間接觸各式各樣的人，並從中獲得各種體驗。

以**獨立為目標**的優點不只有經濟方面，還**能為當事者帶來相當大的自信**。許多繭居族都因為過去的失敗或經驗不足，而認定自己沒辦法就業或獨立。此外也會責怪繭居的自己，可說其自我肯定感極低。輔導人員都明白找回自信有多重要，並為此想盡辦法。

經濟獨立對於恢復自信來說，有相當大的助益。當繭居族先建立起「我能夠獨立」的自我肯定，便開始思考未來的人生。

看到我們這麼說，相信有人會想：「雖然明白，但要能做到，難度實在太高了。」不過，從我們實際輔導過的案例來看，很多當事者都擁有養活自己的能力，只是沒能發揮出來而已。無法發揮能力的理由有很多，舉幾個例子：

有些是家長不願意向外求助，指望由自家人改善問題，也沒讓孩子離開老家。如果待在家鄉時，連稍微出門都很辛苦，當然不可能每天外出工作。這時最重要的，是先讓當事者改變生活環境——離開家鄉與家長身邊。

有些則是因家長堅守相信並等待。明明當事者已陷入無法靠自己的力量行動，若周遭人仍選擇靜靜守候，當事者當然無法發揮能力。這時必須在孩子背後推一把，讓他們出去看看世界才行。

過度堅持親子對話的案例亦同。有些人雖然擁有可以獨立的能力，卻從未對家長說過真心話。假設認為必須克服親子對話才能邁向下一步的話，當事者的行動就會永遠被封鎖。

所謂的獨立，並不是非得先克服不喜歡在家鄉活動、與家長的對話等門檻。**只要看起來有機會，就盡量去嘗試，體驗各種事物進而獲得自信，若發現什麼問題再想辦法解決就好了。**

一百四十六萬個繭居族中，應該有相當龐大的數量，是只要家長調整思維或是輔導方向就能獨立。事實上我從一九九九年開始經營宿舍，這二十年期間畢業生的獨立率從未低於七成過。

不要老跟當事者說「快去工作」

接下來要介紹的，是希望孩子獨立的家長必須先了解的事。第一點是避免說「快去工作」。

工作的定義隨時代不斷變化，尤其是ＡＩ發展與新冠肺炎影響，使遠端工作變得普及，可說近幾年產生劇烈改變。不只是繭居族，整個年輕世代都有物欲低迷的傾向。

想透過工作追求什麼？喜歡什麼形式的工作？想花多少時間在工作上？現代年輕人對工作的想法，與家長世代年輕時截然不同。埋首於工作中，鮮少與孩子相處，沒有閒工夫享受興趣的父親形象，對大多數的繭居族來說無法心生嚮往，甚至有人認為「我才不要像那樣工作與生活」。

有些案例是家長希望孩子過安穩的生活，所以要求他找一份正職工作，卻因此讓孩子動彈不得。在現代，正職不代表穩定。雖說正職也有其優勢，但不包括長期穩定，而是獲得成為正職員工後才知道的體驗與經驗。家長為了孩子的未來著想，而要求對方「快去工作」時，對他們來說就像「在要求自己過著一樣無趣的人生」。親子之間的代溝，就是這麼大。

既然如此，那該表達什麼才好？我推薦「希望你幸福」這句話。

畢竟爸媽希望孩子工作，有自己的收入、生活穩定、能獨立……都是為了孩子的幸福著想。

但現今的生存方式變得多元，幸福的定義因人而異。上好學校、進好公司就會幸福的時代已經結束了，家長心目中「幸福的做法」源自於自身經驗，只是時代不同了，所以父母已無法確認哪條路對孩子來說最幸福。

最重要的是，在這個不是只有一個正確答案的時代中，必須思考屬於自己的生存與工作方式，從中找到屬於自身幸福。即便想實現這點，在繭居狀況下再怎麼思考，都很難找到答案，而我們也不建議貿然從繭居狀態跳進職場。我們認為兩個階段之間，理應安排一段時間增加與他人相處的經驗，讓當事者得以思考生存與工作方式。

我們希望家長不要說「快去工作」，而是將「希望你幸福」——希望孩子為了自己的幸福，而有所行動的心情傳遞給對方。

第二項應盡量避免的，就是詢問「想從事什麼樣的工作」。

看到孩子好像有意願工作時，家長會忍不住開口：「你喜歡做什麼？」、「對哪些工作有興趣？」發現孩子不肯回答時，父母都會感到沮喪。

事實上，繭居族都處於對自己失望，自我肯定感相當低落的狀態。這種情況下，他們很難大方討論自己的興趣。更何況有些人根本不曉得自己喜歡什麼。世界上有很多人對工作毫無喜歡或興趣，這時家長滿眼期待的詢問「你想做什麼工作」時，會讓當事者覺得很難應付。有時甚至因此產生「對任何工作都沒興趣的自己很奇怪」等想法，導致自我肯定感更加低落。

此外，**當事者可能因對什麼都提不起勁的罪惡感，而隨口編出虛假的興趣**。所以，家長必須特別留意答案的真實性，假設沒發現謊言還提供各式各樣的資訊，對方當然不會有所行動，導致家長更加混亂。

對缺乏工作經驗的繭居族來說，對工作的印象幾乎來自網路或者是電視等，而非親身體驗。因此即使他們真的喜歡或有興趣，腦中的想像很可能與現實有極大的落差。

就像有些人想從事行政工作，卻不曉得這個部門必須接電話、應付許多公司雜事。仔細詢問他們理想的工作內容時，會發現比較偏向輸入資料。因此，即使他們因有興趣而應徵，也可能在實際上班後發現和想像的不同，而決定離職。

如果當事者有明確想從事的工作時，家長當然可以問：「你對什麼樣的工作有興趣？」然而現實是這樣的人並不多。此外若親子關係良好，平常對話時孩子也會主動開口，那麼簡單問一下也無妨，孩子理應能明快說出答案。

考量到大多數繭居族對任何工作都不怎麼感興趣，就算有，往往也源自於偏頗的想像。因此，我們還是建議避免提出這類問題。

這些家長會說：「儘管如此，我還是想問問孩子的想法。」對此，我們建議改問討厭的事與不討厭的事。

「不想搭電車通勤。」、「同事的年紀都差不多，感覺會很像學校，所以我不喜歡。」、「大夜班不容易遇到人，所以我不排斥。」面對這種提問，當事者多半能給予明確的答案。而且通常是基於實際經驗所得出的，因此很值得信賴。

相較於從「喜歡、興趣」的角度選擇工作，從「不討厭」的角度去選擇，可降低當事者對工作的期待值，反而有助於持之以恆。

「你想從事什麼樣的職業？」也是我們建議各位家長避免說出口的一句話。

繼續窩在家，即使出門工作也做不久

孩子好不容易要上班了，那麼上班之後要住哪裡呢？

大多家長理所當然的認為孩子會繼續住在家裡。「首先，要讓他有意願工作。」、「恐怕很難憑孩子的收入養活自己。」、「萬一發生什麼事，家人才能及時協助。」我認為他們基於這些考量才會如此判斷。此外，父母也想先觀察一陣子，之後再考慮讓孩子搬出去獨居。

但以實際情況來說，繭居族在與父母同住的情況下，工作往往做不久。

我們接觸過幾個案例就有這種情況：在本協會輔導下成功就業，但他們一直到輔導結束仍與家長同住，結果幾年後就辭職不做，再度繭居。

而那些能靠自己的力量生活、開始獨居的案例，往往結束一份工作後就會繼續找下一份。可以看出兩者的工作持續狀況有相當大的差異。

我們認為應讓孩子透過獨居來獨立，即使無法完全經濟獨立，多少得仰賴家長金援，仍必須讓孩子獨居。因為老家是孩子曾繭居過的空間，所以也成為很容易再縮回去的地方。

此外，放眼整個社會，**獨立的最後一步都是搬離老家，展開獨居生活，只是繭居族離開家的時機比較不一樣而已**。

只是有些家庭不先找第三方協助，直接逼孩子離開家裡，如此一來，他會連就業都辦不到。

離開家長並踏入人群，是獨立的必經之路。本協會的做法是，基本上在輔導初期至中期（第三方介入階段之後），就讓當事者從老家搬出去自己住或是搬進宿舍，才接著邁向找工作這一階段。

待在家長身邊時，就算當事者成功就業了，之後做不下去的可能性也很高，所以我們會讓他們先展開獨居生活後再進行下一步。

因為成功獨立帶來的自信，以及必須養活自己的責任感，能夠在遇到挫折時支撐著自己。所以請各位務必明白這一點的重要性。

前文說過，用「希望你幸福」取代「快去工作」。輔導時，同樣必須秉持這個思維。

提到幫助繭居族獨立的輔導，首先想到的通常是就業輔導。但我們不太建議把正處於繭居狀態的人，直接拉到就業輔導這一步。因為這時提供「幸福支援」——帶著「希望你幸福」的心情給予幫助——比較重要。

繭居族的類型五花八門，單憑一種輔導服務是應付不來的，於是人們根據繭居類型，而建立起不同的支援單位。雖然其入口與出口沒有太多差異，但介於兩者之間的支援卻出現許多分歧。

所謂的支援入口，就是與當事者接觸後，建立關係以促使對方願意接受輔導。想接觸到這些人，基本上就是要上門拜訪，但實際狀況依輔導團體或者是地方政府，而存在相當大的差異。較普遍的做法，是為家長舉辦的學習會或繭居家屬的聚會等，但完全沒有讓當事者聚集或是提供避風港。各大機構都具備的頂多是諮詢功能。

出口支援當中最多的就是就業輔導。以日本來說，就是像 SAPOSUTE、Job Café 等機構，歷史就比繭居輔導還要悠久，據點數量也相當多。但是輔導對象是三十九歲以下的年輕人，對中高年齡層的支援仍非常不足。

照理說入口與出口之間，需要有像本協會宿舍這種中間支援，幫助繭居族增加生活體驗、遇見形形色色的人，正視自身的幸福。或許有一部分避風港或繭居族聚會，也具備這方面的功能，但是大半的機構都直接跳過這段具有過渡性質的支援。提供入口支援等機構很難見到當事者，真的見到面後又跳過中間支援，一下子就來到就業輔導，導致整體運作非常不順暢——這就是繭居輔導的現況。為了讓繭居族能順利與社會接軌，本協會秉持著幸福支援的態度，輔導、協助他們。

請各位家長意識到幸福支援這個視角，並理解中間支援的重要性。如此一來，才能夠讓孩子在經濟層面與精神層面均成功獨立。

辦理家族信託或死後事務委任契約

雖說前文提到「能獨立的人，就讓他獨立」，但有些人基於某種原因導致難以自立，舉例來說，當事者患有重度精神疾患或障礙，這時尋求醫療協助與利用福利設施，會比獨立輔導更加適當。

此外，今後將越來越龐大的八〇五〇問題繭居族群，大半都無法靠自己生活。逼近這個問題的四十多歲繭居族，同樣面臨相同的狀況。

坦白說，毫無就業經驗或是經驗極少的五十多歲繭居族，要找到收入足以完全養活自己且能持續下去的工作，非常困難。而家長這時已八十多歲，更是無力將孩子推往外界。

遇到這種情況時，本書提供的應對方式恐怕也沒什麼意義。事實上，我們曾受理高齡家長的諮詢，發現他們放任當事者繭居，只是盡力省錢以存下能讓孩子過活的遺產。

若繭居當事者不再追求自力更生，緊接而來的具體問題，就是「等家長不能動彈或是離世後，他們該怎麼辦？」

最近很常聽到一種情況是，父母在自家過世後，當事者就放著遺體不管，繼續領著家長的年金過活。

先假設有一名五十多歲的男性已繭居二十年，這些日子以來，不曾與母親以外的人交談過，甚至沒踏出過家門一步。試問這個人有可能在母親動不了的時候，順利的叫救護車嗎？

若母親還有意識，或許可以自己告訴救護員狀況。但假如沒有意識甚至已死亡，繭居當事者必須自己見救護員，讓他們進屋之後說明情況，過程中想必也會被問到職業等資訊，當事者一想到這些就打不了電話，是很有可能發生的事情。

即使努力叫來救護車讓母親接受治療，但接下來還有一連串的事務要處理，包括聆聽手術說明、簽署同意書、支付住院費用。母親過世的話，則必須辦理後事，以及死亡方面的公所手續。

至於日後的生活，即使家長已經事前保險，或是有房子跟存款，所以理應活得下去，但保險金需要申請，而房子與存款都在家長名下，所以需要辦理繼承手續。

對於長年繭居在家的人來說，根本不可能完成這麼複雜的程序。因此我們建議父母事前辦理家族信託，或是死後事務委任契約等，讓當事者不必出面也能完成所有事情。

近來當事者已經五十多歲時，大半都是手足自己或帶著家長來諮詢。如果有兄弟姐妹能協助處理前述手續，短時間雖說沒有問題，但關於家長不在之後的繼承問題，及當事者的後續生活該怎麼處理，都必須和手足好好談過，找到他們認同的方案才行。

有時，其他家人會擔心當事者未來的發展，而希望家長可以認真規畫，結果卻只收到「船到橋頭自然直」這類的回應，父母連談都不願意談。等家長過世之後，其餘家人不得不讓當事者繼續住在家中並提供零用錢，過著不知道何時會結束這種日子的無奈生活。

所以判斷當事者無法獨立，且家長年邁的情況下，要做的事就堆積如山，不能把重點放在推孩子一把。

就以現況來說，繭居族父母不能只想著要怎麼存錢給孩子，必須開始考慮更之後的未來。

因此當繭居族年紀來到四、五十歲時，家長不應再拖下去。若有獨立可能性，就讓他們立刻接受獨立輔導，無望獨立的話，則要儘早辦理各種手續，並與家人、親戚討論好後續應對。

持續繭居，就是全家持續痛苦

「繭居也無所謂」乍看是體貼當事者的溫柔話語，事實上這句話會使對方更加動彈不得。各位千萬別忘記，有很多繭居族在閉門不出期間都很痛苦，可以說，持續繭居狀態，就等於延續痛苦。

更何況，其實很多繭居族擁有獨立能力，甚至有些人自力更生的可能性遠高於改善親子對話。所以我們認為要想辦法讓這類當事者獨立。因為獨立能帶來自信，未來的人生也會大幅翻轉。

雖說目標是獨立，只透過醫院或類似前文提到提供避風港等機構，未必能帶來正面影響，有些話家長也要避免說出口（按：像是前文提到，對有什麼興趣或想做什麼工作等）。也別一口氣就把當事者推往就業輔導，在這之前先安排中間支援，也就是幸福支援是很重要的，必須讓當事者慢慢接觸他人。此外也請務必理解，讓當事者離家也是必經的路程。

而這一切的基礎，就建立在家長是否深信「我家孩子可以獨立」。如果父母無法打從心底相信孩子，即便找到能協助獨立的輔導方案，也無法使盡全力把孩子推往外界。

第三章的最後有提到「相信並推一把」以及「何謂相信孩子」方面的話題。離繭居當事者最近又能支撐其生活的是家長。所以，爸媽看待孩子的方式、相信的事物，都會大幅影響到他們的未來。

自立是繭居的解決形式之一，請各位家長別讓他們繼續待在封閉的空間，而是幫助他們接觸外面的世界，透過與他人接觸以產生自信，最終獨立。

案例9　我的幸福是珍惜與他人的交流

阿正（化名）從二十歲開始，不去餐飲學校。儘管他從一開始就表示「不必再繳學費了」，家長還是持續支付費用。他為了治療憂鬱症固定上醫院並服藥，後來一度復學，但終究沒能上到最後。

在他拒學前，會與朋友出去玩。而繭居期間會與家人正常對話，也會出門看棒球比賽、看電影、購物，甚至下廚。

阿正只參加過一次打工面試，但被拒絕了。儘管家長曾提出要求「三十歲前，要能靠自己力量活下去」，但只要像這樣談到與未來有關的事情，阿正就會發怒。他在餐飲學校的學籍就這樣維持七年。

家長在阿正二十六歲時來協會諮詢，雖然後來向他提起 New Start 卻被無視，父母因此決定靜待一段時間。九個月後我們終於收到聯繫，得知阿正同意出租哥哥上門後，就正式展開輔導。

前兩次上門不曉得是時機不巧，還是他們沒注意到門鈴聲，總之沒能實際見到面。出租哥哥第三次上門時才終於見到阿正。

之後拜訪時，出租哥哥會帶喜歡棒球的入住者一起前往，阿正不僅能和對方聊得起勁，甚至相約看棒球賽。輔導展開半年後，他才願意來New Start的設施，和入住者一起吃飯並開心聊天，也會幫忙備料。

「我覺得該有所改變了。」阿正在開始輔導的第十一個月搬進宿舍。由於他在宿舍交到許多朋友，也來過好幾次，對宿舍的狀況非常熟悉，一下子融入其中。阿正在宿舍大展廚藝，其他人便稱他為大廚。

阿正搬到宿舍一年兩個月時，展開了派遣工作。到他成功搬出去自己住，結束了在宿舍一年半的生活，他仍持續做著這份工作。之後，他從派遣轉為直接僱用，在離開宿舍已經近十年的現在，依舊做著同一份工作。

這個案例中最重要的，是阿正很珍惜與繭居畢業生們的交流。他會親自下廚並找朋友來家裡吃飯，甚至有些畢業生之間的聯繫是以他為起點。阿正不會有太奇怪的顧慮，願意照顧別人甚至到有點多管閒事的地步。

他在自力更生的同時，也繼續經營人際關係、和朋友們一起玩。阿正選擇的生存方式，讓他找到屬於自己的幸福。

案例10　意識到「這不是自己想要的生活」

New Start在一九九九年開設第一間宿舍，而阿尚（化名）的父母在隔年現身。

阿尚從大學休學後繭居十年，在諮詢時已三十五歲了。家長主動搬離家裡，讓他在家中獨居七年。阿尚不但不用擔心房租（會從家長的帳戶扣款），每個月還會收到生活費。

因為家長已經靠年金過生活了，無力負擔房租，所以母親表示不會再出其費用，沒想到阿尚竟表示：「既然如此，我要死在這裡。」讓母親忍不住哭了出來。

後來本協會以「代替母親送生活費」的名義上門，但造訪數次都沒能見到面，只能透過擺放的信件不見等狀況，確認阿尚應該還活著。

最後我們與家長一起上門，由他們打破窗戶開鎖進門後，才終於見到阿尚。「這間房子的租約到期了，我們很擔心你，所以你搬去New Start吧。」經過家長的說服後，阿尚整理好行李便前往宿舍。

來到宿舍後的阿尚，順利融入新環境。當時New Start旗下的日間照護中心（現已關閉）舉辦看護二級培訓講座，阿尚更藉此取得證照。從這裡可以看出其性格是低調踏實，也會留意他人。

經過兩年的宿舍生活，阿尚已成為照護方面的重要戰力，從入住者轉變成 New Start 照護部門的員工。為期八年半的服務期間，他接下了許多責任重大的工作。

阿尚從 New Start 離職後，因擔心高齡雙親而搬回去一起住，但住起來似乎不太舒適——他母親曾表示「不能一起吃飯很寂寞」，所以或許阿尚是對親子距離瞬間拉近而感到抗拒。後來在協會同仁的介紹下，他搬到人口較稀疏的鄉下聚落。

現在的阿尚透過協助農務與農產品加工等維生，也在社區占有一席之地，過著融入當地的生活。雖然生活上比較不方便，但在喜歡的音樂與書本圍繞下自由生活，讓阿尚不亦樂乎。

阿尚來 New Start 之前並無工作經驗，卻在這八年半間完成了形形色色的任務。我想就是因為他透過照護，了解怎麼與老年人對話，所以才能迅速融入鄉村生活。

他在工作過程中，逐漸釐清自己追求的生活，並累積實現的力量。因此儘管他一度回到父母身邊，能立刻意識到「這不是自己想要的生活」，進而做出改變。

現在阿尚將近六十歲，如果當初家長沒有積極應對的話，他很有可能成為八〇五〇問題的當事者。還好，現在的阿尚選擇適合自己的生活方式，靠自身力量過著舒服的生活。

案例11　摸索讓自己感到舒服的生活方式

「多虧二神老師的指導，我才能下定決心成為家庭主夫。」當時三十八歲的紳一郎（化名）對本書作者二神能基這麼說。

紳一郎的家長在二十多年前來 New Start 諮詢，只比前個案例提到的阿尚晚一些。紳一郎大學畢業後搬出家裡，找到業務工作並開始獨居，後來卻辭職回到老家。剛開始他也曾嘗試找新工作，但家長來諮詢時，他已繭居半年。

紳一郎三十歲時，出租哥哥開始上門輔導，在第二次上門時成功見到他，紳一郎在輔導滿四個月後搬到宿舍，這時距他回老家時約兩年。他搬進宿舍時表示非常期待。

紳一郎在宿舍發揮領導能力，工作態度也很務實，懂得與他人維持適度的距離。他在這裡待了兩年，並擔任 New Start 工作人員三年半。甚至曾以出租哥哥的身分，執行許多上門輔導。後來在以兼職維持生計的同時，與其他畢業生一起分租房子。

他搬進宿舍四個月，透過 New Start 認識後來的妻子，兩人交往八年後結婚。

「因為大眾眼中的普通，是男方努力工作養家，所以我們花了八年才走到結婚這一步。」原來紳一郎一直認為打工的自己，配不上身為公務員的女朋友。

最後女方表示「不要擔心，我可以養家」，兩人才下定決心結婚，並且在向二神報告結婚一事時，說出了開頭那段話。

後來他們生了兩個孩子，紳一郎便辭掉兼職專心當家庭主夫。太太經歷一年的產假與育兒假之後，恢復全職工作。

「你認為自己適合當家庭主夫嗎？」對於這個問題，紳一郎表示：「不適合，真的非常痛苦。」儘管如此，他有時還是會一個人帶著兩個小孩來 New Start 玩，努力撐過這段時間。

今年我們也收到了紳一郎的賀年卡，上面印著孩子們活潑可愛的模樣。這就是他所選擇的幸福。

從本章目前介紹的三個案例，可發現每個人選擇的生存方式都不同。還有人選擇不做要扛責任的正職工作；有人抗拒公司內部的緊密人際關係，所以成為要到處跑的業務有人存一筆錢後會休息幾年，等存款用完再回歸職場……每一位畢業生都在摸索讓自己感到舒服的生存方式。

相信若處於繭居狀態下，他們是無法想像出這些答案的。

事實上，紳一郎在繭居期間甚至對父母說：「我不會結婚。」結果過著獨立生活之後，從其他角度思考並下定決心結婚。

在繭居期間拚命想「必須出社會」時，很難從遙遠的未來中看見希望。唯有實際達成獨立、出社會等目標後，才能慢慢看見理想。因此本協會提議先讓繭居族離家，以一己之力面對外界，不只是經濟層面的考量，也是為了改變他們的視角，以邁向下一個階段。

當然，我們不認為獨立是繭居輔導獨一無二的目標，但這對他們的人生來說，確實是很重要的必經過程與分歧點。正因如此，我們才不斷提及「能獨立的人，就讓他獨立」。

紳一郎曾說過：「我在New Start的期間，遇過很多人都說在能獨當一面之前，絕對不會交女朋友。但我幾乎可以斬釘截鐵的說，獨當一面的那天根本不會來。我覺得自己已經無可救藥，找人來養我比較快，這樣才不用擔心孤獨死。

「其實我的意思是不要想得太困難，這和脫離繭居的方法一樣，都只能盡人事、聽天命。正因我認為不可能事事都順心如意，所以反而沒碰到什麼瓶頸。放輕鬆、隨興點，從某個角度來看，也是讓**自己變得寬容**。這麼做**會引發許多變化**，說不定會很開心。」

案例12　在錯誤的時間結束輔導

某天，本協會接到警察打來的調查電話。原來是有位繭居族殺害母親，從凶手的抽屜裡找到 New Start 出租姐姐寫的信，所以想問問當時的狀況。

這起事件的凶手，是本協會十五年前輔導過的怜央（化名）。

年近三十的怜央大學讀到一半就不再去學校上課，多次留級之後就被退學了。那是間知名大學，由此可以看出怜央擅長讀書。

怜央被退學之後，就開始繭居。他喜歡看電視播的棒球比賽，外出頂多前往便利商店而已。他沒有打工經驗，有敲打牆壁或丟東西等暴力行為，但並未實際對家長動手過。怜央曾上過醫院，經過診斷確認並非罹患疾病。

我們收到諮詢時，雙親都有到場，但硬要說的話，父親比較消極，是經母親努力說服後才同意過來。

後來決定讓出租姐姐上門輔導，對此母親也提出要求：「希望可以慢慢來。」

因此出租姐姐寄了兩封信後才開始打電話，當時怜央接了電話，兩人順利聊了起來。他表示房間很亂，不希望出租姐姐進到家裡，所以第一次見面就約在附近的公園。雖然怜央遲到了，但終究有現身。談話的時間很短，但過程中他面帶笑容。

可是接下來三個月，儘管怜央願意電話聯繫，卻始終拒絕見面。最後出租姐姐決定直接上門拜訪，她隔著門開始對怜央說話，雖然怜央仍不願意露面，不過他最終表示「以後可以約在外面」。

後來，他們在外面碰面了。出租姐姐也帶了幾名入住者前往，幾個人在公園裡踢起足球，儘管才剛認識而已，不過氣氛和樂融融。

上門輔導約半年後，出租姐姐建議他搬到宿舍，怜央拒絕了，所以出租姐姐改詢問他打工的意願。

怜央應徵了一次工讀，結果在面試這一關被刷掉，但他表現得毫不在意：「我覺得沒有應徵上也無妨，所以完全不會緊張。」當時同行的入住者正好找到兼職工作，怜央很認真聆聽那位入住者的分享。

就在這個時期，負責輔導怜央的出租姐姐離職了，因此最後一次見面時帶著另一位出租姐姐去見怜央，另一位出租姐姐向他打招呼時，他只「喔」了一聲。提到後續的應徵計畫時，也只回答「正要尋找」而已。

雖然怜央仍願意接新的出租姐姐的電話，約見面時卻總婉拒，必須從零開始培養關係，不過新的出租姐姐認為，她會帶著怜央接觸過的入住者會同行，所以他遲早會答應見面。

結果就這樣在兩個月都沒見到面的情況下，母親說要停止輔導。因為新的出租姐姐一直見不到怜央，而且怜央似乎有意要應徵兼職工作，所以母親決定先觀察一陣子。持續約一年的輔導就這樣落幕，後續也沒再收到聯繫。

當時的怜央可以正常對話，也如醫院診斷一樣，看起來沒有生病。此外，第一次致電就能成功談話，他也沒表現出強烈抗拒外人的樣子。然而要他實際做出行動時，他又露出嫌麻煩的態度。儘管如此，我們覺得他應該應付得來每週兩、三天的兼職工作。

我們無從得知他之後過著什麼樣的生活，但從零碎資訊來看，他在輔導結束後很有可能繼續繭居。

實際認識怜央的人都表示：「他看起來不像會殺人。」慘遭殺害的母親打從心底擔心兒子，每次出租姐姐上門都能喝到她泡的茶，是位個性沉穩、溫柔的女性。他們在名為家庭的封閉空間裡，度過約十五年的漫長歲月，或許因此醞釀出什麼殺機。

我們當時希望可以至少輔導到他開始打工為止，因此覺得這次的結束時機很不妥當。但畢竟是我們這裡先有人事異動，所以對方想結束輔導也無可厚非。

如今回想起來，我們應把怜央徹底拉到外界，將他帶離家庭這個密室，讓他在同伴環伺下的環境確實獨立。從能力方面來看，他看起來並不像辦不到。

怜央母親在開始輔導前寫了一封信給我們，裡面充滿了對兒子著想的心情：

「我兒子被困在很狹窄的世界，我認為他確實有想做些什麼。只是想歸想、說雖說，實際上卻做不出這些行動。我希望他能體會世界上有各式各樣的人，與形形色色的生存方式，請協會一定要幫幫他。」

如今，寫下這封信的母親被深愛的兒子殺害。而怜央正待在監獄裡。

雖然我們強烈希望這類的悲劇不再發生，但現實是類似事件層出不窮。長期困在家庭密室的繭居族數量不斷增加。所以這樣的新聞，日後或許會繼續增加下去吧。

我希望透過這個案例，提醒各位要進一步思考繭居輔導的方式。這也是我這次執筆的一大動機。

怜央過了十五年，仍捨不得把最初那位出租姐姐的信丟掉。或許對他來說，那代表著與他人交流所留下的幸福回憶。

第六章

從在家啃老到獨立工作

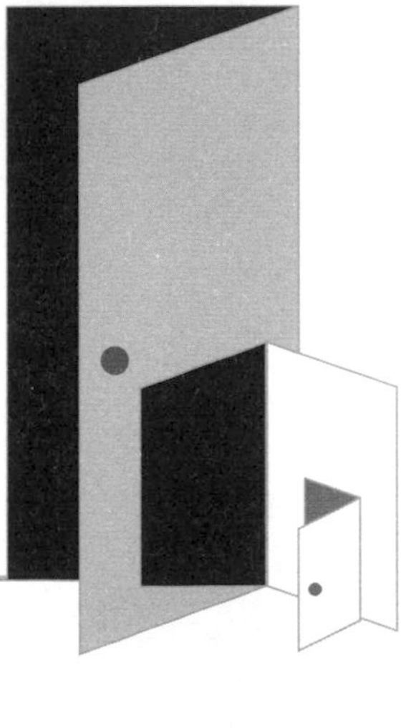

繭居一詞約誕生於三十年前。之後在一九九八年，因日本著名精神科醫師齋藤環的著作《繭居青春》引爆熱烈討論，而為大眾所熟知。

和日本「失落的三十年」完美重疊

繭居人數至今已經增加至一百四十六萬人，不斷刷新過去最高紀錄。如《繭居青春》的原文副標題「永不結束的青春期」，當時普遍視為「青春期問題」的繭居族，如今有半數都到了中高年齡層。同時日本的經濟成長結束，陷入了「失落的三十年」停滯時期（按：一九九一年，日本泡沫經濟破裂，經濟增長急劇下降，此後，日本經濟便進入低迷期，負增長屢見不鮮。雖然其政府想出很多經濟振興政策，但長期未能走出經濟低迷的沼澤，故稱之），與持續增加中的三十年繭居歷史不謀而合。

從遠一點的視角來看，繭居或許是國家成長期至成熟期途中所綻放的「徒花（譯註：不會長出果實的花）」。隨著時代從成長演變至成熟，生存模式也需要轉型，而繭居族就像是被時代「用力甩開」一樣。在新時代，人們追求的不是經濟富庶，而是更多元的生活。

事實上，繭居族也曾對此滿懷希望。

我出生在高度經濟成長時代，在和 New Start 宿舍的年輕入住者聊天時，有時會不小心露出追求進步的一面，導致現場一片尷尬。其實我對這些年輕人價值觀所產生的疑惑，與他們的家長差不多。那麼這個時代的年輕人，尤其是繭居在家的孩子們，究竟有哪些特徵是家長事前多了解比較好？

本章介紹的是這三項——沒有想要的東西、沒有想做的事情、下流志向。

社會富足，所以沒有想要的東西

跟我一樣出生貧窮的世代，內心隨時充滿渴望，心裡有滿滿的物欲。想要取得渴望的事物需要錢，為此必須工作，所以我們會卯起來做事。生存價值與工作價值都是次要的。

但現代的年輕人幾乎什麼都到手了。在這個隨時能吃飽喝足的時代，他們對食物的執著降低了。舉例來說，我在午餐時間和宿舍裡的年輕人一起外出時，說：「來吃點好料吧，有什麼想吃的，都可以說出來。」然而我得到的回應幾乎都是「沒什麼想法」。

沒有想要的東西，就沒必要賺錢，當然生不出工作的理由。處於繭居情況時，既確保了睡眠場所，食物還會自己送上門，所以也沒有外出的理由。這使繭居期間逐漸拉長，繭居族的年齡也越來越大。

沒有想做的事

此外，這些人「沒有想做的事」。老一輩的人因當時的經濟和環境，在成長過程中確實感受到身為孩子的自己，對家計帶來多麼大的負擔。恩格爾係數（按：一個家庭收入越少，家庭收入中（或總支出中）用來購買食物的支出所占的比例就越大。反之，隨著家庭收入增加，家庭收入中（或總支出中）用來購買食物的支出比例則會下降）在當時超過六〇%，而現在則為二五%，兩者相差兩倍以上。

生活在那個年代時，深刻體會到「自己是靠父母養大的」。因此大家都希望早點獨立，以減輕父母的重擔。

在我那個時代，高中升學率約五〇%，一半的學生在國中畢業後就開始工作。對他們來說，與其說是選擇工作，不如說誰願意提供薪酬，就去對方那邊做事。相較於「有想做的事情」，只能前去工作。

這裡分享一件一九六〇年代的事。

我讀大學時，曾在新宿遇到一群少女奔向新宿Koma劇場（現已關閉），看歌手美空雲雀（按：昭和時代歌謠界的代表人物，被譽為「歌謠界的女王」）的表演。當時住在中小工廠或商店裡拚命工作的年輕女孩們，緊握著用存款購買的門票，卯足勁奔跑。正因為平常過著克勤克儉的日子，所以追求「樂趣」的欲望格外強烈、急促。

而在現代，年輕人拿著智慧型手機長大，不必刻意外出探索，憑手機就能完成許多想做的事。

下流志向

沒有想要的東西，也沒有想做的事情，所以不怎麼需要金錢，當然也不會湧現出人頭地的欲望。對於繭居年輕人來說，會演變出「下流志向」（按：這裡的下流是指，於全球化之趨勢下及社會階級的變動中，中產階層漸漸失去其特徵及優勢並下沉淪）也是理所當然的。

二〇一一年，由日本知名女作家林真理子所寫的小說《下流之宴》，被改編成的電視劇並在ＮＨＫ播出。這部電視劇描寫了，無論什麼事情都不打算努力的下流志向男性。負責撰寫劇本的中園美保老師，曾採訪本協會宿舍的年輕入住者，她將他們說的話活用在劇本裡。因為繭居年輕人的下流志向格外強烈。

經濟高度成長時期當然也有親子對立的問題，但至少在討論孩子的未來時，努力出人頭地的思維倒是一致的。通常親子促膝長談時，討論的都是哪條路的前途比較光明。由於環境變化，現今親子對話的大前提可說與過去截然不同，這也是為什麼我們這個年齡層的人和孩子對話時，代溝也會特別嚴重。

我們接觸過許多正面臨八〇五〇問題、七〇四〇問題的親子，發現雖然檯面上有各種問題，但是追根究柢，其實都與親子價值觀與人生觀差異過大有關。

只要認為自己有用，就能努力

繭居年輕人經常聽到家長或身邊的人表示：「想做什麼就去做」、「找有從事價值的工作吧！」當事者本身也想找到這樣的事，但在這個時代，要找到想做的工作其實並不簡單，畢竟多數人本身就沒有想做的事。

既然繭居族沒有想做的事，那該怎麼做才能讓他們有所行動？方法之一是讓他們感受到自己的用處，並實際體驗他人的感謝。

我們曾在三一一大地震（按：日本於二〇一一年三月十一日發生之東北地方太平洋近海地震、包括伴隨而來的巨大海嘯及餘震所引發的大規模災害重創日本，此為日本歷史上已知強度最大之地震），將宿舍入住者們送到災區當志工。他們當過志工後回到宿舍時，每個都打起精神，看得出已慢慢找回繭居期間失去的精神。

他們是去當志工，所以沒有酬勞。但在各處聽到的「謝謝」讓他們感到開心，我想這就是所謂的自尊需求獲得滿足。有好幾個孩子在那之後甚至表示「還想再參加」的意願。

日本各地災難頻繁，但這些災區總能看見年輕人們的身影，我想這就是當今的年輕人氣質。二十多年前有件諮詢，就讓我對此產生深刻的感受。

該案例的家長表示繭居兒子看到神戶大地震後，突然騎著機車跑去當志工，奮鬥半年後又回家繭居三年。後來這位當事者在我們的宿舍住了一年後，前往老人照護設施工作，如今仍持續努力著。對他來說，相較於能賺錢的工作，「為某些人而行動，自己能派上用場」更加重要。

這樣的案例讓我感受到現今年輕人「希望自己有用處」，而這份感覺比當時又更加強烈了。

檢視內閣府的年輕人意識調查，會發現令人訝異的情況——超過一半的孩子回答「**相較於為自己而活，更想成為他人的助力**」。再搭配文部科學省的調查可注意到，這與年輕人的自我肯定感低迷有關。這類的孩子很難選擇「為自己而活」的這條路。

當事者表示「沒有想做的事」時，刺激這種「想幫上忙的需求」會非常有效。所以我們提出老人照護、支援障礙者等能直接幫助他人，或可直接聽到他人表達謝意的工作時，通常會得到積極的回應。

繭居的孩子自我肯定感低落，很難有「為自己找一份工作」的想法，因此對他們提出這種要求時多半沒什麼效果。

請各位務必牢記，現在有很多年輕人表示「相較於為自己而活，更想成為他人的助力」。

找一個沒那麼討厭的工作

本協會的輔導對象包括尼特族以及繭居族年輕人，會讓他們體驗各式各樣的職場，從中找到想做的事情，然而很遺憾的是，將近一半的年輕人都還沒找到。

多方體驗一年左右仍沒找到想做的工作時，我們會請對方「找一個沒那麼抗拒

的工作」來賺生活費，總之先讓他們開始就業。由於他們比較聽得進這樣的表達方式，因此這段話對我們來說簡直是魔法話語。即便當事者找不到想做的事，至少他們可以分辨出自己沒那麼抗拒哪些工作。畢竟若目標只有賺取生活費的話，在人手嚴重不足的現在，舉目皆是工作機會。

既然只是沒那麼抗拒的工作，就不會有期待與失望。只要當事者持續工作，且薪水應付得了三餐與房租，我們就會想辦法讓他離家獨立生活。對他們來說，原本的家待起來不舒服，所以通常會想要獨居。等當事者獨居且經濟獨立後，會一口氣變得不再依賴家長，明確的朝獨立的未來邁進，正式展開自己的人生。

很多當事者在從事沒那麼抗拒的工作過程中，注意到哪些事情對自己而言值得去做，於是開始認真面對，結果升到管理階層。還有一些人雖然只是為了賺取生活費而平淡工作著，但私生活上透過遊戲、音樂、漫畫或追星等感受樂趣，越活越開朗。也有人因興趣而結識伴侶，結婚後過著幸福的生活。

「找一個沒那麼抗拒的工作賺取生活費」，請各位務必記住這句話，並努力將孩子推往就業之路。

話說回來，我認為一百四十六萬名繭居者中，患有某些障礙的案例應只有三〇%。從輔導經歷來看，剩下的一百萬人理應都可獨立。

在這個足以稱為障礙泡沫化（或發育障礙泡沫化）的時代，越來越多人把繭居視為一種障礙。也有**很多繭居者的家長認為自家孩子會這樣，是發育障礙造成的，然而我們實際見到當事者後，往往會發現他是普通的孩子。**

人的成長本來就需要豐富的交流與體驗，一旦拉長毫無外界刺激的繭居生活，便會冒出許多類似發育障礙的症狀。只要脫離繭居並拓展各種體驗與互動，這類症狀自然就會消失。

所以我們才會對繭居族的家長提議，讓孩子離開家裡。

想讓繭居族獨立，就必須讓孩子離開家長，讓父母離開孩子。

如第一章所述，就連曾經「安分」的繭居族，也在母數增加與固定化進展下，出現越來越多嚴重的事態，最後甚至犯罪。我們必須阻斷這類案例增加，想盡辦法減少繭居族的數量。**繭居族數量變多，就表示分崩離析的家庭與繭居有關的犯罪數量，都跟著增加。**此外，也會對國家財政造成龐大的負擔，拖垮經濟成長的腳步，對整個社會來說，有如不定時炸彈。

為了防止繭居族的家暴、人倫悲劇、朝向外界的犯罪，請讓孩子踏出家門。此外，也為孩子安排與外人交流的機會，讓他們能自力更生。

在這個勞動力不足的時代，以日本來說，只要一百四十六萬名繭居族中，有一百萬人出來工作，他們就會從消耗稅金變成支付稅金，大幅提升社會的活力。

我們希望成為繭居族的無聲助力，和他們一起點亮未來。考量到年輕人「想派上用場的需求」，或許這樣的生存方式更適合他們。

今後繭居族會減少

雖然日本在二〇二二年的調查發現，繭居族人數暴增至一百四十六萬人，但我認為這個數字將成為巔峰，日後應逐漸減少。只要觀察各年齡層人口的變動，就能推測出這樣的變遷。

首先，一百四十六萬名繭居族中，很多人都已經五、六十歲了，而六十五歲以上的繭居族，並不會列入計算。因此繭居族的總數每年都會減少三．五萬人。

另一方面，可能成為繭居族的二十歲左右年輕人屬於少子化世代，人口只有五十多歲中年人的一半。所以成為繭居族的人數會跟著減少，每年頂多一萬人左右。把高齡繭居族的減少數量，與隨著年輕人口減少而降低的繭居族增加數放在一起計算，會發現每年約會減少二．五萬名繭居族。

此外，年輕的家長們看到繭居族的長期化與高齡化，也開始懷疑「相信並等待」這個做法，於是紛紛改變行動。

我們已經跨過分水嶺。所以我決定出版本書，希望藉此一口氣加快繭居族減少的速度，同時幫助繭居族盡可能獨立並感受到人生的幸福。

臺灣諮詢機構參考

近幾年來，臺灣繭居案例逐漸增加，但大多數的家長遇到這種狀況都求助無門。為此，本書整理了臺灣相關諮詢機構以供參考。

除了醫療院所之精神醫療科、身心科之外，各縣市的家庭教育中心、社會局、衛生福利部、諮商機構等單位，亦是可利用的管道。

以下整理幾家民間諮詢單位機構。

名稱	簡介	地址	電話
Only實驗教育—陪伴自學家庭互助系統	陪伴拒學生及休學生轉自學到高中畢業到自立，避免成為繭居族。課程設計理念並非現今的一綱多本，採無綱無本，以學生興趣為中心的課程設計，如此就能喚醒學生學習動機！	高雄市前鎮區實業路二十七號	0956-669-611（蕭典義老師）

（續下頁）

名稱	簡介	地址	電話
廢墟花園心理諮商所	擺渡失去希望的人，引領穿越無助的空間。關注社區及家庭的社會處境、專長協助拒學生、社會退縮者、觸法青少年、精神障礙者等心靈流離失所者，重返人間，尋回心靈的力量。	桃園市桃園區大有路六三二號二樓	0911-609-099
華人心理治療基金會	備有擅長不同精神領域面向的治療師進行心理諮商。	臺北市中正區羅斯福路二段二號十樓	（02）7700-7866
盼心理諮商所	專門提供親子諮商、專業間系統合作諮詢，協助家長幫孩子找回內心平靜。	臺北市大安區四維路一九八巷三八弄一一號三樓	（02）2701-1116
米露谷心理治療所	由臨床心理師及諮商心理師組成的專業團隊，提供專業的兒童、青少年、成人全方位心理健康相關服務。	新北市中和區連勝街二八號二樓	（02）8245-8820

國家圖書館出版品預行編目（CIP）資料

70%繭居族都能自立：從在家啃老到獨立生活，日本專業輔導機構靠三步驟，幫助超過 1,700 位繭居族回到正軌。／二神能基、久世芽亞里著；黃筱涵譯 . -- 初版 . -- 臺北市：大是文化有限公司，2024.08
240 面；14.8×21 公分 .--（Style；91）
譯自：引きこもりの 7 割は自立できる
ISBN 978-626-7448-86-1（平裝）

1. CST：心理輔導　2. CST：心理諮商

178.3　　113008312

Style 091

70%繭居族都能自立

從在家啃老到獨立生活，日本專業輔導機構靠三步驟，幫助超過 1,700 位繭居族回到正軌。

作　　者／二神能基、久世芽亞里
譯　　者／黃筱涵
責任編輯／陳竑悳
校對編輯／宋方儀
副總編輯／顏惠君
總 編 輯／吳依瑋
發 行 人／徐仲秋
會計部｜主辦會計／許鳳雪、助理／李秀娟
版權部｜經理／郝麗珍、主任／劉宗德
行銷業務部｜業務經理／留婉茹、行銷經理／徐千晴、專員／馬絮盈、
助理／連玉、林祐豐
行銷、業務與網路書店總監／林裕安
總 經 理／陳絜吾

出 版 者／大是文化有限公司
臺北市 100 衡陽路 7 號 8 樓
編輯部電話：（02）23757911
購書相關資訊請洽：（02）23757911 分機 122
24 小時讀者服務傳真：（02）23756999
讀者服務 E-mail：dscsms28@gmail.com
郵政劃撥帳號：19983366　戶名：大是文化有限公司

法律顧問／永然聯合法律事務所
香港發行／豐達出版發行有限公司
Rich Publishing & Distribution Ltd
香港柴灣永泰道 70 號柴灣工業城第 2 期 1805 室
Unit 1805, Ph.2, Chai Wan Ind City, 70 Wing Tai Rd, Chai Wan, Hong Kong
Tel：21726513　Fax：21724355
E-mail：cary@subseasy.com.hk

封面設計／孫永芳　內頁排版／邱介惠　印刷／韋懋實業有限公司
出版日期／2024 年 8 月初版
定　　價／新臺幣 390 元
I S B N／978-626-7448-86-1
電子書 ISBN／9786267448847（PDF）
9786267448854（EPUB）

Printed in Taiwan